嫉妒心是什么？

定义
嫉妒心是一种感觉，主要表现为害怕失去或者感到原来的父母的关爱和关心减少

矛盾心理
不满 ← → 爱并需要TA们

对待兄弟(姐妹)

常见表现
1. 招惹别人
2. 人身攻击
3. 贬低和辱骂
4. 打小报告
5. 行为上的改变
6. 退幼行为

- 关注孩子表现好的时候
- 解释区别对待的原因
- 教孩子正确的言行
- 把哥哥(姐姐)培养成合作者
- 让孩子表达情感

针对嫉妒心

孩子嫉妒心

请扫码听语音解读

二宝时代
家长如何应对嫉妒心问题

二宝出生前
- 家长做决定并承担责任
- 以简明扼要的方式告诉孩子
- 让孩子参与迎接二宝的准备工作
- 提前做好心理建设
- 关注孩子的感情和疑问

- 无视孩子的不良行为
- 不要过多地干预
- 避免比较
- 避免让弟弟(妹妹)成为负担

- 创造专属时刻
- 单独对待孩子并尊重他们的隐私

出生后头几个月
- 庆祝二宝的到来
- 让其参与照顾二宝
- 分享卧室
- 在适当时间给予大宝特殊关注
- 亲朋好友探望时关注大宝感受
- 理解大宝的抵触情绪

（分娩其他有方法哦！）

…的基础措施

强, 该怎么办？

更多策略案例参看本书哦！

第六堂课

孩子嫉妒心强，该怎么办

[西]赫苏斯·哈尔克·加西亚 ◎ 著　张曦 ◎ 译

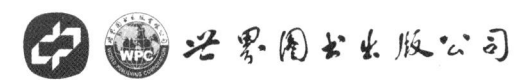

世界图书出版公司

上海·西安·北京·广州

图书在版编目（CIP）数据

解决孩子成长难题的八堂国际训练课.第六堂课：孩子嫉妒心强，该怎么办／（西）赫苏斯·哈尔克·加西亚著；张曦译.—上海：上海世界图书出版公司，2020.6
ISBN 978-7-5192-7316-3

Ⅰ.①解… Ⅱ.①赫… ②张… Ⅲ.①儿童教育－家庭教育 Ⅳ.① G782

中国版本图书馆 CIP 数据核字（2020）第 032678 号

Edition © 2018 Editorial Sol90, Barcelona
Chinese Edition © 2020 granted exclusively to Beijing Qianqiu Zhiye Publishing Co. Ltd. by Editorial Sol90, Barcelona, Spain.
www.sol90.com
All Rights Reserved.
Rights licensing arranged by Zonesbridge Agency
www.zonesbridge.com

书　　名	第六堂课·孩子嫉妒心强，该怎么办
	Di-liu Tang Ke·Haizi Jiduxin Qiang, Gai Zenmeban
著　　者	〔西〕赫苏斯·哈尔克·加西亚
译　　者	张　曦
责任编辑	吴柯茜
出版发行	上海世界图书出版公司
地　　址	上海市广中路 88 号 9-10 楼
邮　　编	200083
网　　址	http://www.wpcsh.com
经　　销	新华书店
印　　刷	天津丰富彩艺印刷有限公司
开　　本	787 mm × 1092 mm　1/16
印　　张	7.5
字　　数	104 千字
版　　次	2020 年 6 月第 1 版　2020 年 6 月第 1 次印刷
版权登记	图字 09-2019-1133 号
书　　号	ISBN 978-7-5192-7316-3／G·614
定　　价	25.00 元

版权所有　翻印必究
如发现印装质量问题，请拨打售后服务电话
（010-82838515）

目录

第一章 简介
2 \ 预先的思考
4 \ 我们想要回答的问题

第二章 嫉妒心的特点
6 \ 什么是嫉妒心？
8 \ 嫉妒心从何而来？
9 \ 常见表现
13 \ 嫉妒心的其他表现

第三章 动机和相关因素
16 \ 这些行为的动机是什么？
18 \ 会引发嫉妒心的相关因素

第四章 通用教育措施
22 \ 导言
22 \ 正确的教育方法
25 \ 教会孩子去分享

25\形成真正的家庭

第五章　针对嫉妒心的基础措施

30\导言

31\把哥哥（姐姐）培养成合作者

32\教孩子正确的言行

33\给孩子解释区别对待的原因

34\要尤其关注孩子表现好的时候

35\避免比较

36\创造专属时刻

37\让孩子表达情感

38\不要过多地干预

39\单独对待孩子并尊重他们的隐私

40\无视孩子的不良行为

41\避免让弟弟成为负担

第六章　应对具体情况的策略

46\导言

46\特别的冲突时刻

51\当孩子们吵架和争执时

53\当孩子们动手打架时

56\当孩子们故意引起大人关注的时候

第七章　在二宝出生之前该怎么做

60\导言

60\家长需不需要先跟孩子商量一下再决定要不要孩子？

61\如果已经怀上了二宝，该怎么告诉孩子？

62 \ 让孩子也参与迎接二宝的准备工作

63 \ 提前给孩子做好心理建设

64 \ 关注孩子的感情和疑问

第八章　二宝出生后应该怎么做

68 \ 导言

68 \ 分娩时刻

70 \ 二宝出生后的头几个月

第九章　结论

74 \ 何时需要咨询专家？

75 \ 需要咨询哪方面的专家？

76 \ 了解更多……

第十章　家长提问

78 \ 家长提问

第十一章　问题集

98 \ 关于孩子嫉妒心问题程度的评估

102 \ 关于家长应对孩子嫉妒心做法的评估

第十二章　实际案例

107 \ 解决常见的冲突

107 \ 练习"倒数"

108 \ 练习表扬孩子

109 \ 让大宝变成自己的助手

109\将注意力转移到大宝身上

110\创造专属时间

110\当孩子们打架时

参考书目

112\参考书目

第一章

简 介

预先的思考

本书将展开讨论"孩子嫉妒心强,该怎么办",这一话题属于儿童常见行为问题相关系列。该系列包括的书还有《第二堂课·如何正确纠正孩子的不良行为》《第八堂课·孩子不听话,该怎么办》等。

兄弟(姐妹)之间的嫉妒心以及他们之间常见的争执,毫无疑问是多孩家庭的家长需要面对的常见问题。

家长们有时会因为孩子之间频繁发生的争执甚至打架感到精疲力竭,却又不得不像裁判那样频繁地介入争执来调和孩子之间的矛盾。

无论如何,有个兄弟(姐妹)做伴是件好事。尽管有时孩子们之间也会存在相互嫉妒或者报以敌意的问题,但总体来讲,兄弟(姐妹)之间的关系对于孩子的成长是有积极作用的。

多孩家庭的好处在于孩子从小在家庭内部就可以拥有社交体验,也就是说,与除家长外的其他人打交道。这意味着多孩家庭的孩子懂得自己并不孤独,也并不是唯一的那个。这有利于他们学会分享、让步、商量、对话和捍卫自己的物品。而这一切都是在安全且在家长掌控之下的家庭环境中发生的。

多孩家庭的孩子会更快地学会在尊重别人的同时,守护属于自己的一切,甚至会通过斗争来捍卫它。这样的孩子也更容易明白自己的界限和别人的界限,能够懂得不可越界。

兄弟(姐妹)之间的敌对问题并不会单独出现。家长们往往要同时面对很多的问题:不听话、不好好吃饭、睡眠问题和行为问题等。

这一点十分重要,不能忽视,因为所有的问题都是相关联的,包括嫉妒心。但是,本书将专门讨论嫉妒心问题。本系列丛书的其他书籍会分别讲到其余的问题并给出解决方案。

无论怎样,就像几乎所有孩子的行为问题一样,孩子在某一方面得以改善(比如本书中的嫉妒心),那么这也会促使孩子行为的其他方面都得以改善。

导致这一连锁效应的原因有很多:首先,虽然行为问题的表现不同,但是究其根本,仍是有很多共同变量的,一旦某个变量被纠正,其他相关的行为就都会受到影响。其次,因为针对任何行为问题的系统性治疗都包括教育方式的改进,所以这也会对孩子自身的进步产生影响。

兄弟(姐妹)之间的嫉妒心和敌意是所有多孩家庭的家长都关心的问题,孩子的年龄通常在3岁到12岁之间,这些家长也急于了解如何才能处理好所有有关孩子们之间关系的问题。

我们想要回答的问题

本书力求达到的目标如下：
（1）定义到底什么是嫉妒心。
（2）区别这一心理在孩子行为方面的不同体现。
（3）了解导致和加强嫉妒心和敌对心理的原因和因素。
（4）针对如何应对日常生活中的这一问题提出解决方法和策略。
我们也希望家长在读完本书后能够回答以下问题：
什么是嫉妒心？
与嫉妒心相关的行为表现都有哪些？
孩子为什么会产生嫉妒心？
当孩子将要有弟弟（妹妹）的时候，家长们该怎么做？
二宝出生后该如何做？
如何应对与嫉妒心有关的日常情景，比如"争执和打架"？

为此，本书中有八个章节分别论述与嫉妒心相关的问题。首先我们会定义什么是嫉妒心，然后论述为什么会产生嫉妒心，以及嫉妒心的表现都有哪些。

在接下来的一章，我们会讨论由嫉妒心引起的行为问题的动机都有哪些，以及哪些场景会导致这类行为的加剧。

在第四章我们会为家长们提出一系列通用的教育措施，以便家长们在必要的时候使用以解决孩子由嫉妒心导致的问题。在第五章我们会给出一些基础措施供家长们应对孩子的嫉妒心。

本书第六章主要针对孩子们之间经常发生的敌对竞争的具体情况提供策略和技巧，如争论、打架及其他类似的情况。

最后，本书的第七、八两章围绕二宝出生前后这段时期为家长们提供一些行动指南和方法策略，因为这个时期对于本书所涉及的主题来讲，是一个尤为重要且应当谨慎处置的时期。

第 二 章

嫉妒心的特点

什么是嫉妒心？

我们先来看看豪尔赫的情况。

> 豪尔赫5岁了。他的妈妈刚刚给他生了一个小妹妹。但是从那以后他就觉得不喜欢自己的生活了。他的妈妈住院那几天豪尔赫住在外公外婆家里。等到小妹妹被接回家，妈妈陪妹妹的时间要多过陪豪尔赫的时间，并且他还经常看到他妈妈把妹妹抱在怀里，喂她吃奶、哄她睡觉，还唱歌给妹妹听……甚至妹妹还可以睡在爸爸妈妈的房间里。
>
> 大家都给妹妹送礼物，在街上的时候大家都会停下来逗妹妹玩。所以豪尔赫认为没人记得他了……现在他很怕妈妈不再爱他，只爱妹妹一个人。
>
> 豪尔赫问自己："爸爸妈妈为什么想再要一个宝宝？难道他们对我不满意？他们还爱我吗？"

孩子间的嫉妒心和敌意就像是一枚硬币的两面。嫉妒心是一种感觉，其中主要的感觉是害怕失去或者感到来自家长的关爱和关心的减少。产生嫉妒心的孩子会担心他爱的人，比如他的家长，现在更疼爱的是他的兄弟（姐妹），这种嫉妒心理通常也伴随着孩子对竞争者的羡慕和不满。

除此之外，嫉妒心重的孩子还会出现矛盾心理：一方面，对自己的兄弟（姐妹）不满，但同时也爱兄弟（姐妹）并且需要兄弟（姐妹）。另外，他们也知道兄弟（姐妹）并没有什么错。

孩子产生这种矛盾的感情是很正常的。但随着时间的推移，孩子的嫉妒心会越来越强，这时他们就不会那样矛盾了，甚至在某些极端情况下，会想要伤害自己的兄弟（姐妹）。

对于年龄低一些的孩子，比如8岁或10岁的孩子，他们主要会对弟弟或妹妹表现出嫉妒心，但是10岁以上的孩子，往往会是弟弟（妹妹）反过来嫉妒哥哥（姐姐）。

另一方面，兄弟（姐妹）之间的敌意一般表现为冲突或者争执，这些矛盾都是争抢某样物品或者活动、某个地点、某项特权或者家长的注意力导致的。所以在孩子还小的时候，他们每天争吵打架都是很正常的现象。

嫉妒心从何而来？

嫉妒心可以归结为一种孩子担心家长不再爱自己，只爱弟弟（妹妹）的感情状态。

弟弟的出生对于哥哥来说意味着某种"失去"。很多专家称其为"失宠王子综合征"。这正是豪尔赫所经历的情形。

母亲，尤其是在生育后最初的几个月中，会特别关注新生儿。她的时间、爱抚、温柔和关心已经不再全部都属于"失宠王子"了。弟弟（妹妹）的降生往往意味着这位"王子"对妈妈的占有结束了。

其他人，包括家人、朋友和邻居们，也都把心思花在刚出生的宝宝身上，他们会夸赞、爱抚二宝，而往往忽略了大宝的感受。

但是，这个情况对于大宝来说并不是有害的，也不会让他受伤。这是大宝应该经历的一个正常的过程。实际上，这对他的成长反而是有益的，因为这会让他明白从此他不再孤独，但是相应的，他要与弟弟（妹妹）分享爸爸妈妈的爱。

常见表现

嫉妒心作为一种感觉是有多种表现形式的，即可以通过不同的行为来体现。常见的行为有故意招惹别人、攻击别人、贬低别人、告自己兄弟（姐妹）的状、行为突变或者行为返幼。

1. 招惹别人

嫉妒心最常见的一种表现就是兄弟（姐妹）之间的一方故意去招惹、打扰另一方。

> 玛尔塔走进客厅，她的妹妹正在那里拼拼图。
> "我来帮你？"玛尔塔问道。
> 但是妹妹已经猜到了玛尔塔的意图，然后回答说：
> "不用，我自己来，不要打扰我。"
> 玛尔塔回应道："你这么拼不对……"
> 然后一下就把妹妹辛苦弄好的拼图扔到了地上。

我来帮你吧?

2.人身攻击

另外一种表达嫉妒心的常见表现是人身攻击。在这种情况下,家长们会频繁干预其中,因为孩子之间已经开始动手了。

有时,仇恨和负面情绪会导致孩子自发地去攻击弟弟(妹妹),这可能包括手拧、嘴咬,或者摔扔等行为。有时他们还会以隐蔽的方式来伤害对方,比如在拥抱对方的时候掐对方。

在很多情况下,孩子一般都会为他的所作所为狡辩,孩子会说他之所以这样做是因为对方先做错事。

> 菲利普今年4岁了。他的父母听到2岁的女儿的大哭声就急忙赶了过来。等他们进入房间后发现,菲利普把妹妹推倒在地。
>
> "你为什么这么做?"爸爸妈妈责问道。
>
> "因为妹妹刚刚不听话来着。"菲利普回答道。

你为什么这样做?

因为她不乖。

3. 贬低和辱骂

> 赫玛和马蒂亚斯在饭桌上吵个不停:
> "胖子,你就像一个沙滩排球。"马蒂亚斯先开始说道。
> "那你呢,瞧你那耳朵,你看上去像一架小飞机。"赫玛回应道。
> "你是个胆小鬼,连蚂蚱你都害怕,我要在你的被窝里放一只蚂蚱。"
> "妈妈,你看马蒂亚斯!"赫玛大叫道。
> "你还是个爱叫鬼,动不动就知道叫妈妈。"

以嘲笑或者伤害对方为目的的贬低、谩骂和轻蔑的评论也是兄弟(姐妹)间嫉妒心和敌意的一种体现。

> 你就是个爱哭鬼，就会叫妈妈。

4.打小报告

直到9岁,哥哥都会一直向家长打弟弟的小报告,即使是在他自己引起的问题上,他依旧会这样做。

他想通过这种方式告诉家长,弟弟并没有他们想象中的那么好,并且他也想让家长认可他作为家长的合作者的角色,同时也希望家长对弟弟采取一定的措施。

5.行为上的改变

不少家长都会惊讶地发现,随着二宝的出生,大宝的行为会明显地变差。其实这并不是二宝一出生就突然出现的,相反,当二宝大约1岁,开始走路和说话的时候,这种行为通常会随着二宝成为焦点而出现。

此时,大宝常见的行为集中表现为:拒绝做之前根本不抵触的事情,以过激的不当方式回应家长,不好好回答家长的问题或者不听话。

6.返幼行为

华金今年5岁了。自从有了弟弟,华金的行为就开始变得反常:他想重新使用奶嘴,也想让妈妈喂他吃饭。同时,他说话的方式也变了,现在他说话的用词和语气就好像是个小宝宝一样。

4到6岁的小孩子可能会随着弟弟（妹妹）的出生表现出他们小时候的行为，比如重新要他们早就不用的奶嘴；另外一个比较常见的行为是他们说话的方式变得更幼稚了。此外，他们还想跟家长一起睡觉。更糟的是，明明已经不再尿床的他们会不想再控制自己，继续尿床。这些都是可能会发生的现象，同时也是孩子嫉妒心的另一种表现。

嫉妒心的其他表现

虽然不像上面的行为那样常见，但兄弟（姐妹）间的嫉妒心和敌意也有其他的表现，比如悲伤和躯体化，或者对兄弟（姐妹）的冷漠以及过度负责。

1.悲伤和躯体化

有一些孩子是通过悲伤的情绪来表达嫉妒的，他们会毫无理由地哭泣，还会频繁地问家长是否还爱自己。也有一些孩子会莫名地感到腹痛、头疼，并且去医院看过后，结果并无大碍。

其实，这是孩子自身无意识的一种反应。有时候，这是一种孩子寻求家长特别关注的方式。

2. 冷漠

相比前面提到的表现，这种行为不太常见，有时会发生在6到8岁孩子的身上。这种行为主要表现为漠视兄弟（姐妹），就好像兄弟（姐妹）并不在他（她）的世界里一样，他们哭的时候他（她）不会去管，他们出现的地方他（她）就会消失，他（她）很少跟他们来往。他（她）几乎从不会提到兄弟（姐妹），当老师要求他（她）画全家福的时候，他（她）也不会把他们画进去。

如果兄弟（姐妹）打扰到了他（她），他（她）也通常不会责备对方，而是耐心地忍受。

3. 过分负责

还有一些孩子会通过对兄弟（姐妹）表现出极端负责和过分担忧的态度来表达自己对兄弟（姐妹）的嫉妒心理。他们往往过分地照顾或者保护自己的兄弟（姐妹），会对兄弟（姐妹）无微不至。他们会频繁地提到自己的兄弟（姐妹），提到兄弟（姐妹）的喜好，或者提到兄弟（姐妹）都做了些什么。他们对兄弟（姐妹）过分地慷慨，甚至达到了忘我的程度。这种行为也可能伴随孩子对学业的疏忽或者忽略帮家人做家务。

总 结

本章我们主要阐述了嫉妒心的特点。我们定义了什么是嫉妒心，论述了它的成因，以及嫉妒心往往会造成孩子的哪些不良的行为表现。

第三章

动机和相关因素

这些行为的动机是什么？

正如我们在上章所看到的，孩子会通过一系列行为表现出嫉妒心，有些是常见的，另外一些则是罕见的。本章中我们将会为大家说明，孩子到底想通过这些行为得到些什么。

1. 引起家长的注意

孩子由嫉妒引发的一系列行为的主要动机是得到家长的关注。其实，嫉妒心发作时孩子依旧想要继续得到家长全部的爱，仍然希望家长只关注他。

孩子的很多不良行为的背后其实都藏着一个小私心，就是想要家长只关注他一个人。因为不良的行为会给他带来很宝贵的东西，就是家长的关注。所以说孩子其实就是想通过一些"特殊的方式"告诉家长："我还在这里，不要忘记我也是你们的孩子。"

> 迭戈今年7岁了，每当他的父母专注地给妹妹穿衣服、梳头或者给妹妹讲故事的时候，他都会以同样的方式来回应，那就是无缘无故地做出一些淘气的事情。他得逞了，最终父母还是放下了妹妹过来找他，虽然是来责备他的。

2.表达怨恨或不满

孩子的很多此类行为是为了发泄对自己"失宠王子"身份的不满或者怨恨之情。

而这种负面情绪是针对被哥哥（姐姐）视为对手的弟弟（妹妹）的。所以哥哥（姐姐）的举动都是为了跟弟弟（妹妹）争抢家长的关爱。有时孩子的怨恨也针对家长，因为他认为是家长造成了这个局面，是家长决定再要一个孩子，还当着他的面，偏袒弟弟（妹妹）。

因此，孩子的很多不良行为其实是做给家长看的，尤其是针对妈妈的，这些行为有：故意招人烦、不听话、拒绝做之前一直好好做的事情……

3.扮演受害者

> 费尔南多主动去招惹他的弟弟。他知道爸爸妈妈不希望他去招惹弟弟，更不希望他把弟弟弄哭。每当他这样做的时候爸爸妈妈就会采取一些措施，但是这恰恰是费尔南多想要的：他的爸爸妈妈惩罚他，然后他会指责爸爸妈妈只会惩罚他，而从来不会惩罚弟弟，因为他们已经不再爱他了。

孩子会通过一些行为挑起事端，等到家长批评他的时候，扮演受害者的角色，以这样的方式来指责家长，指责他们自从有了弟弟就不再爱他，他的位置被取代了，而且他还成了唯一会被惩罚的人。

4. 维持自己的优势地位

有一些行为，尤其是具有攻击性的行为，其实是一种孩子用来维持其优势地位的方式，比如维护自己的权力、继续拥有某样物品，以及继续对家中的某个空间享有特权。

5. 对父母的叛逆

10岁以上的大一些的孩子，他们对兄弟的敌意就是对父母的敌意的表现。通常弟弟会认可父母的价值观，而哥哥则会开始质疑或者否定父母的价值观。但是哥哥又不敢直接批评父母的价值观，所以就会对跟父母价值观一致的弟弟下手。

会引发嫉妒心的相关因素

有一系列情况能够导致孩子间的嫉妒心和敌意愈演愈烈，并且更持久。

1. 孩子的年龄

如果孩子有一个两三岁的弟弟或者妹妹，那么他的嫉妒心理会更加强烈。因为此时正是孩子最黏妈妈的时候，孩子会继续依赖妈妈，同时也意识到他（她）有了一个对手，这个对手让妈妈不再是属于他（她）一个人的。

这个年龄阶段的孩子尚不具备完善的语言能力来表达自己的感情。并且，此时的孩子已经到了上学年龄，他（她）看到的是爸爸妈妈把他（她）送到了学校而把弟弟（妹妹）留在家中。

2. 年龄差

若两个孩子之间的年龄差在4到6岁，大宝更容易产生嫉妒心。对于这个年龄差的孩子，除了前面提到的情形，大宝更明白弟弟（妹妹）的到来对于他（她）来说意味着会失去很多特权。

3.原本是独子

如果大宝原本是家里的独子，即唯一的孙子或者外孙，这也会导致他认为，在有了弟弟（妹妹）之后，他不再是大家的焦点或者他的地位被弟弟（妹妹）取代了。

4.性别不同

> 路易斯今年4岁了，他的家长一直希望再要一个女儿。当他们得知已经怀上了女儿时，非常高兴，并且都乐此不疲地忙着准备以迎接女儿的到来。当然，路易斯也将这些都看在了眼里。

再生一个不同性别的孩子往往是家长格外期待的事情。而这种情况往往会令那个眼睁睁看着自己弟弟（妹妹）成为众人焦点的孩子醋意大发。

5. 与家长的关系

跟妈妈越亲近的孩子会在弟弟（妹妹）出生后表现得越叛逆，因为妈妈一定会把大部分精力都用来照看弟弟（妹妹），而此时，大宝自然会感到明显的失落。

相反，如果孩子与家长的关系很健康，那么面对这种情况反而会有充足的安全感。

6. 更优秀的弟弟（妹妹）

随着弟弟（妹妹）的长大，这种情况越发明显。如果其中一个孩子在某个方面更具有天赋，就很容易招来另外一个孩子的怨恨和嫉妒。比如弟弟更聪明，学习成绩更好，更招人疼爱，或者他在运动方面更具有天赋或者在艺术方面表现得更为优秀。

7. 孩子的自身特点

以上提到的所有因素都取决于孩子自身的敏感程度。无论男孩还是女孩，越聪明、越善于观察的孩子或者越敏锐的孩子，就可以感知到越多的信号，巧妙地察觉、解释事件和可能带来的后果。而普通的孩子则更容易适应这种变化，更容易融入新的生活。

总 结

我们在本章着重分析了导致孩子出现嫉妒心理行为的原因，以及导致这种行为加剧且更为持久的因素。

第四章

通用教育措施

导言

本章中我们将会为家长们提供用来应对孩子嫉妒心及由嫉妒导致的行为的措施、技巧和策略。

具体来说，我们将阐述一系列具有普遍特点的教育措施和策略。因此，这些措施不光可以用来应对孩子嫉妒心或者与敌意相关的问题，也同样适用于出现在孩子成长过程中的各个方面的问题。

这些策略和技巧都属于基础的通用策略，基于这些策略还有一系列的专门针对嫉妒心理导致的行为的处理技巧。尽管如此，如果不采取下面这些措施，家长对于孩子嫉妒心理的应对是不会取得好的效果的。

正确的教育方法

首先家长应该采取的措施就是采用正确的方法来教育孩子。教育方法是家长们用来培养孩子的一般策略。

虽然本系列丛书中的另外一本书详细地讨论了教育方法的问题，但是我们认为有必要在此先以简短的方式来带领各位家长回顾一下这些方法。

1. 制订明确具体的规定

家长对于孩子应该制订明确且具体的规定，也就是说，孩子应该明明白白地知道他该做什么，不该做什么。规定绝不可以是抽象模糊的，也不应该造成误解，并且要在任何情况下都是可执行的。

2. 制订惩罚措施

家长应该制订相应的措施以防孩子不遵守规定或者越界。但是这类措施并非以惩罚制裁作为唯一目的，其目的还有教育孩子并且教会他遵守规定，让孩子懂得不遵守规定是要承担后果的。

我们会在后面提到一些专门应对孩子间恶性竞争的情况的措施，比如剥夺特权或者暂停时间。

3.家长要有贯彻性

有贯彻性指的是当家长对孩子说"可以"的时候就一定"可以"，当他们对孩子说"不可以"的时候也绝对"不可以"。有些家长开始时告诉孩子"不可以"，但是一旦孩子表现出不良行为或者一再坚持，家长最终会改变决定，以同意孩子的要求收场。

孩子应该知道他的不良行为是无法改变家长的决定的。

不行……好吧，行。

4.表扬并关注孩子正确的举动

有些孩子在表现不好的时候会受到家长特别的关注,尽管这种关注的焦点是责备他们。当孩子表现良好时,家长应进行表扬;当其行为适当时,家长要给予特别的关注。

这样的话,家长一方面可以让孩子看到家长希望他怎么表现,另一方面也可以鼓励他以后都这样做。

玛丽娜正在自己的房间里安静地画画。然而,她一般不会这样,通常情况下,她是一个很不安分的女孩,因此经常被爸爸妈妈责备。这一次,爸爸进到她的房间却发现她在画画。

"你画得可真好看!让我看看你画的什么?"爸爸一边摸着女儿的头一边说道。

女孩给爸爸解释了画里的内容,同时爸爸把妈妈也叫了过来,两个人脸上都露出了喜悦和满足的表情。此时,家长的关注点一直在女儿身上,但目的并非责备她,而是表扬她。

家长为了处理孩子之间的嫉妒心至少应掌握以上这些教育方法。

教会孩子去分享

让孩子尝试去体验分享的乐趣是一种有助于解决孩子嫉妒心的长期的普遍教育措施。要知道兄弟（姐妹）之间最主要的竞争在于他们不得不分享空间、物品以及一些活动，比如电视、游戏机、自行车和电脑等。

很多家长解决这种矛盾的方式是给孩子一人买一个，比如一个房间放一台电视机，让每一个孩子都有一辆自行车，等等。虽然他们买得起，但是从教育的角度来看这并不总是正确的做法。

最好是让孩子们自己去制订分享和谦让物品的规则。虽然这也会引起孩子间的争执，但从长远来看，这对他们的关系是有益的。

形成真正的家庭

加强家庭成员之间的关系和一切与家庭团结相关的因素都有助于兄弟（姐妹）之间的和谐相处。为了组建一个真正的家庭，家长至少要完成下面的活动。

1. 一起参与活动

家庭成员一起参与活动有助于保持家庭成员之间的团结和亲密。成员之间可以一起吃饭，时不时来一次只有家人陪伴的散步，或者一起去郊游，一起去参观游览，一起玩桌游或者打电子游戏机，一起去运动。这些都是一些可以增进家庭内部感情的简单的活动。

2. 加强沟通

家长可以每周找几天或者一些空闲时间专门让大家坐在一起自由地分享各自最近的经历。一些家庭规定在吃晚饭的时候不准看电视，而且大家都必须上桌。创造一个有助于沟通和情感表达的家庭氛围是十分必要的。这意味着一家人需要商定并准备必要的时间来倾听彼此，来学着以恰当的方式交流。

3. 家族关系

同时，每个家庭成员都需要同其他家族成员加强关系，比如爷爷奶奶、外公外婆、叔叔婶婶、舅舅舅妈、表哥表妹等。父母和孩子要对自己的家庭感到骄傲，要与家里的人保持联络，并且要保护和发扬家族的习惯和传统。

4.分享责任

每个家庭成员都应根据自己的年龄肩负起一系列责任,他们有义务承担并配合家人一起做好家务,比如打扫房间,配合家人维持室内的整洁。另外,从一定年龄起,孩子也有必要知道家庭内部的一些基本开销,如每月在水、电、食物等方面的花费。

这一切都有利于家庭成员之间的团结和合作。

总　结

　　在本章我们介绍了一些家长通用的教育措施，家长们可以在必要的时候采取这些措施来有效地解决孩子由嫉妒心导致的一些行为上的问题。我们提出的措施指的是采用基本的教育模式，教孩子学会分享，并促进家庭成员之间的团结与合作。

第五章

针对嫉妒心的基础措施

导言

在本章我们将阐述一系列针对嫉妒心理的基础措施。

因为我们接下来提出的措施是基础性的，所以其功效需要长期坚持才能显现；但这些措施同时也是必需的，因为只有将这些基础措施和应对具体情况的策略结合，才有效果。

家长处理孩子的嫉妒情绪时，不要试图去给孩子创造一个虚构的世界以消除孩子的这种情绪，在这种虚构的世界中您可能会让孩子继续认为什么都没有改变，他仍旧是大家的关注点。

家长应该做的是帮助孩子适应现实和弟弟（妹妹）的出生给整个家庭带来的新的情况，要帮助孩子接受其中积极的方面以及令他不开心的方面。

因此，解决孩子的嫉妒心和兄弟（姐妹）间竞争的最终目的是让有嫉妒心的孩子有安全感，让他明白就算与兄弟（姐妹）一起分享家长的爱，家长依然会无条件地爱他。

我们接下来将为大家说明的基础措施有以下几项：

把哥哥（姐姐）培养成合作者；

教孩子正确的言行；

给孩子解释区别对待的原因；

要尤其关注孩子表现好的时候；

避免比较；

创造专属时刻；

让孩子表达感情；

不要过多地干预；

单独对待孩子并尊重他们的隐私；

无视孩子的不良行为；

避免让弟弟成为负担。

把哥哥（姐姐）培养成合作者

第一个策略就是让哥哥（姐姐）成为家长的得力帮手。

伊斯梅尔和埃丝特有两个孩子。大的今年6岁，小的即将满3岁。

家中每天晚上都会上演同样的一幕。爸爸妈妈每次把弟弟哄睡着以后，都要再三提醒姐姐不要弄出声音吵醒弟弟。但是每次都适得其反，每当此时姐姐就开始大喊大叫并且还往地上扔东西，甚至去弟弟的房间故意把他吵醒。

爸爸妈妈对此束手无策。无论他们采取怎样的措施好像都没有什么效果。

终于，有一天，爸爸妈妈决定改变策略。在哄弟弟睡觉前，伊斯梅尔对女儿说道："我们现在要哄弟弟睡觉了，因为他比我们需要更多的休息。你呢，因为你是他的大姐姐，你可以跟我们再待一会儿。"

"如果你不打扰我们的话，等我们把弟弟哄睡着后，我们可以再玩一会儿。你愿意吗？"爸爸低声问道。

自此之后，姐姐就被家长当作哄弟弟睡觉的小帮手，同时她也得到了一项特殊待遇，跟家长享受专属的游戏时光。

这样一来，孩子会在参与一件事的时候更有融入感，她在爸爸妈妈照看弟弟的时候就不会感到被孤立或者被拒绝了。

> 我们先去把弟弟哄睡着，他需要更多的休息。然后你可以跟我们一起待一小会儿。

教孩子正确的言行

第二项解决孩子嫉妒兄弟（姐妹）的心理问题的基础措施是教育两个孩子，尤其是教大宝应该如何恰当地与他人相处。其中包括遇到冲突情况应当如何解决，比如应该怎样邀请对方跟自己一起玩，怎样向对方借玩具或者怎样让对方不再打扰自己。孩子们可不是天生就懂得如何去应对这种情况的。

安东尼奥今年8岁,他的弟弟赫尔曼今年5岁。他俩经常会因为一些原因发生争执。比如安东尼奥不愿意弟弟动他的东西。安东尼奥只要看到弟弟手里拿着他的物品,就会大发雷霆,并且总会以同样的方式来回应弟弟:用力推弟弟然后粗暴地把他手里的东西抢过来。

爸爸妈妈也为此教过赫尔曼,在动哥哥的东西之前要先请求允许,并且要爱惜哥哥的物品,在玩过之后要放回原处。

同时,他们也告诉安东尼奥应该提醒弟弟每次需要东西时,要先取得他的允许然后再动他的东西,否则他就不会借给弟弟,并且每次遇到这样的事情要告诉爸爸妈妈。

给孩子解释区别对待的原因

从孩子4岁起,家长就可以告诉大宝为什么家长对待弟弟(妹妹)的方式跟对待他的有所不同了。家长有必要告诉他为什么弟弟（妹妹）需要某些特殊的照顾以及被允许一些行为。家长有必要告诉哥哥（姐姐）在他（她）小的时候爸爸妈妈也是这样对他（她）的，但是现在因为他（她）比弟弟（妹妹）大，所以爸爸妈妈对待他（她）的方式会与对待弟弟（妹妹）的方式有所不同。

最后，家长也要让孩子明白，区别对待不代表家长不再爱他，相反，家长依旧会无条件地爱他。

要尤其关注孩子表现好的时候

正如我们前面所说的，在很多情况下，孩子之间的争执其实是一种寻求家长关注的方式。家长过来并且责备孩子的时候也是在"特别"关注孩子，并且在某种程度上，孩子会从这种争执中获得"奖励"：获得家长一段时间的关注。

为了解决这个问题，家长应该努力让孩子注意到，当他们和谐相处的时候家长其实更关注他们。家长可以通过表扬以及表现出满意的态度来加强这种良好的行为。这有助于孩子明确地知道家长希望他们怎样表现。

第五章 针对嫉妒心的基础措施

避免比较

大部分人都懂得这个道理,但是却很少有人能做到。每一个孩子都应该得到单独的评价。有时比较是为了激励兄弟(姐妹)中的一人,但是这种手段往往适得其反。

> 路易斯和卡洛斯的家长过去总习惯这样说:"你看你弟弟卡洛斯考得多好啊,你要是再这样下去就该留级了,然后弟弟就会追上你。"
>
> 但是,这样做并没有达到鼓励孩子的效果。然后,他们改变了说话的方式:"路易斯,以你的能力现在的学习成绩不应该是这样的,这并不是你应该取得的结果……"

在兄弟(姐妹)之间比较有时可能会对嫉妒心强的孩子有益。但是,在这种情况下我们也不建议这样做,这样做的长期后果只能是改变孩子的感觉,而短期内只会加剧孩子之间的竞争和嫉妒。

当着孩子或者其他人的面，家长要尽量顾及每个孩子，要说他们的优点，当然也要提到他们的缺点，要谈到每个人的潜力，但是不要在他们之间相互比较。

> 你学习不够努力，以你的能力不应该得到这样的成绩。

创造专属时刻

每一个孩子都应该有单独跟家长相处的时间。

在这段专属时间中孩子应该是主角,这段时间应该是专门用来增进沟通、信任并且相互表达感受的时间。

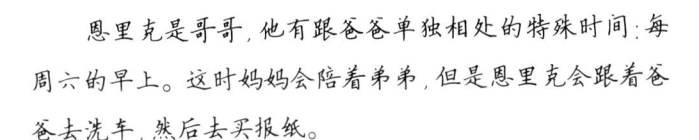

> 恩里克是哥哥,他有跟爸爸单独相处的特殊时间:每周六的早上。这时妈妈会陪着弟弟,但是恩里克会跟着爸爸去洗车,然后去买报纸。

让孩子表达情感

有时候,孩子会直白地表达自己的感受:"我不喜欢他。"有时他们也可能直接问道:"妈妈,你还爱我吗?"面对这种情况时,家长的反应不应该是对孩子说"不要这样说""你怎么会这样问?",或者说任何阻碍孩子表达自己情感的话语。

家长正确的做法是让孩子们表达自己的感受,以便于接下来向孩子解释为什么他们会有这样的感受,家长小的时候也有同样的感受,并且告诉孩子爸爸妈妈此刻对他们的感受是怎样的。

> 6岁的阿尔巴告诉妈妈说她不喜欢2岁的弟弟,妈妈在一旁耐心地听着。
>
> "你知道吗?其实你不必一定要爱他。"妈妈回答道,"当我还是个孩子的时候,对你舅舅吉列尔莫的感受跟你现在的感受是一样的。你的外婆总是陪在他身边,给他换尿布,给他喂吃的。我当时也以为你外婆不爱我了,但是我错了。我当时一点都不喜欢你舅舅,因为我一直觉得都

是他的错,你的外婆才会不关心我。"

然后妈妈继续说道:"之后,等你舅舅长大了,我们两个就变成了特别要好的朋友,从那之后我们就很爱对方。"

最后妈妈说道:"对你来说也是一样的。"

家长给孩子们讲述一段积极的个人经历,站在他们的角度去思考,会让他们更轻松地表达自己的感受和观点,这往往是一个不错的做法。

> 你也会遇到同样的事。

不要过多地干预

家长要尽可能少地干预孩子间的争执。孩子之间的争执很容易和解,一旦家长介入,事情往往会变得更复杂。所以让孩子学会自己解决冲突和矛盾不失为一种教育孩子的好方式。

一般当孩子的争执已经到达涉及人身攻击的程度时,家长才需要介入。

兄弟(姐妹)之间的争执是一个合适的契机,这能让他们在一个相对安全的环境中学会通过协商、让步去解决人与人之间的矛盾。而这个能力会使他们终身受益。

单独对待孩子并尊重他们的隐私

个人待遇和"平等对待每一个人"恰恰相反。那种一视同仁的公平在对待兄弟（姐妹）之间关系的时候并不是合适之选。

实际上每个人都应该有自己的规则和责任，并且其中一些是与其年龄相符的。

家长应该鼓励每个孩子都有自己的喜好和风格，比如穿着打扮、兴趣爱好、玩具的种类和活动的类型等等。

塞瓦斯蒂安喜欢跟弟弟佩德罗穿不同颜色的衣服。佩德罗喜欢音乐而且已经在音乐学校第二年了。佩德罗还喜欢柔道，爸爸妈妈经常带他去体育馆学柔道。此外他也喜欢做拼图和建筑模型。而塞瓦斯蒂安则对汽车非常着迷。

另外，家长必须向哥哥（姐姐）保证，弟弟（妹妹）会尊重属于他（她）的空间和物品。这样一来，哥哥（姐姐）就会明白，爸爸妈妈依旧尊重他（她）、在乎他（她），并且也会在他（她）需要的时候站在他（她）这边。

> 拉克尔今年8岁了，她的弟弟托马斯4岁了。他们的家长正在努力不让弟弟打扰拉克尔做作业。同时他们也教给托马斯，在进姐姐屋之前要先敲门，玩姐姐的玩具前要先取得她的允许。

无视孩子的不良行为

另外一个由孩子的嫉妒心引发的常见不良行为是向家长打兄弟（姐妹）的小报告（也就是我们所说的"揭发者"），或者再次表现出早已克服的幼稚行为，也就是说，在一些行为上出现返幼现象。

1. 向家长打弟弟（妹妹）的小报告

嫉妒心强的孩子经常在家长面前表现得很"八卦"，时常会告发弟弟（妹妹）的不良行为，这样做的目的是让爸爸妈妈惩罚弟弟（妹妹）。

在这种情况下，家长应该尽可能地无视或者忽略这种告发行为，在哥哥（姐姐）因为一些小事告弟弟（妹妹）状的时候无须采取任何行动。如果家长回应了孩子的这种行为，就等于鼓励他（她）下次继续这样做。

但是家长有必要教育孩子，在弟弟（妹妹）表现出某些行为时，他（她）应该告诉爸爸妈妈，而另外一些行为则没有必要告诉爸爸妈妈。

2.返幼行为

还有一些孩子表现出了早已克服的返幼行为,比如让妈妈喂他们吃饭,想要重新使用奶嘴,想要跟爸爸妈妈一起睡觉,语言表达也变得像小时候一样幼稚,等等。

如果孩子表现出类似的行为,家长一定不要责备他,也不要讽刺他,相反,应该包容他、理解他。家长要温柔地告诉孩子不可以这样做,因为他已经长大了。因为弟弟还小,所以他需要这样的关照。家长不要过于关注孩子的要求,也不要向他让步,一定不要喂他吃饭,也不要给他奶嘴用。

这时家长可以要求孩子配合做一些事情,比如可以要求他帮助妈妈喂弟弟或者帮忙收拾弟弟的摇篮。

避免让弟弟成为负担

最后一个措施就是避免让哥哥对弟弟负责,否则弟弟就会成为哥哥的负担,哥哥不得不频繁地照顾弟弟。

在一些情况下,哥哥的确可以负责监督弟弟,但是不能总是这样,这样就超出了哥哥应有的责任范围。

巴勃罗今年8岁了，他有个5岁的弟弟叫拉斐尔。拉斐尔简直就像是一场"地震灾害"，总是安静不下来，总惹麻烦，而且总爱挑战最困难的事情。

一天下午，妈妈带他俩去公园，然后嘱咐巴勃罗说："帮妈妈看一会儿弟弟，妈妈跟几个朋友去喝杯咖啡，一会儿就回来。"

但是巴勃罗自己应付不来。他的弟弟想要玩滑梯，但又不好好排队，总要插队，然后跟其他小朋友发生争执。他也不愿意从秋千上下来，让其他小朋友玩，他玩什么游戏总是要排到所有人的前面。

所以，巴勃罗并不喜欢去公园……

总　结

在本章我们为大家阐述了一些具体的基本措施,以便家长能够应对孩子的嫉妒心和敌对情绪。这些措施有:

把哥哥(姐姐)培养成合作者;

教孩子正确的言行;

给孩子解释区别对待的原因;

要尤其关注孩子表现好的时候;

避免比较;

创造专属时刻;

让孩子表达感情;

不要过多地干预;

单独对待孩子并尊重他们的隐私;

无视孩子的不良行为;

避免让弟弟成为负担。

第 六 章

应对具体情况的策略

导言

在本章我们会给家长提供一系列技巧和策略，以便他们应对在生活中孩子们之间经常发生的敌对竞争的具体情况。这些技巧和策略是基于我们在上一章阐述的基础措施而提出的，必须搭配基础措施才能真正发挥出作用。

同时，我们也会针对孩子间特别的冲突时刻提供应对措施，当然还有吵架和争执，以及发生人身攻击的情况。

特别的冲突时刻

相信每个多孩家庭都经历过一些让兄弟（姐妹）间的敌对情绪爆发的特别冲突时刻或者情景。

克里斯蒂娜9岁了，她的哥哥桑蒂12岁了。对他们的家长来说，每天的午餐时间是最让他们头疼的冲突时刻。

兄妹俩总是会在这个时间互相招惹对方，在桌子下面互相练起"腿上功夫"。兄妹两人相互嘲笑彼此，甚至有时会因此而辱骂对方。

"妈妈，你看桑蒂！"妹妹喊道。

"妈妈，你看克里斯！"哥哥也喊道。

"是他先开始的！"妹妹解释道。

"是她先招我的！"哥哥回应道。

妈妈此时感到绝望但又不知所措。

纳乔10岁了，他的妹妹阿非利加7岁了，他们的父亲经常开车送他们去上学,通常会在路上花一个小时左右。每次回家的时候,兄妹俩几乎都会从上车开始就不停地打闹:两人总在争论谁占了谁的位置;妹妹讨厌开窗,但哥哥又怕热;哥哥喜欢的音乐跟妹妹不一样。总之,这一路上从没有消停过……

是他先开始的。

不是,是她。

面对这种对每个家庭来说都意味着竞争和争执的场景,我们有如下建议。

1.针对具体情况制订相应的规定

这里的"规定"指的是针对具体情况制订的规则,家长一定要说明哪些行为是被允许的,哪些行为是绝对不可以出现的。

克里斯蒂娜和桑蒂的妈妈让兄妹两个在饭桌上相对而坐,这样一来他们更不容易互相动手。此外,妈妈也规定他们不可以招惹彼此、嘲笑彼此、互相做鬼脸或者辱骂对方。

纳乔和阿非利加的爸爸决定每周让其中一个孩子选一个座位,还决定在冬季和春季不开车窗,然后由自己来选择播放的歌曲,并且不允许兄妹通过评价、动作或者辱骂来挑衅对方。

2.如果不遵守规定就要采取措施

如果孩子不遵守规定,家长可以采取"剥夺特权"之类的措施。此类措施指的是在一定时间内不让孩子从事某种他喜欢的活动。

当家长不清楚是谁挑起了争执时,要对两个孩子都采取措施,这样做的目的正是寻求两人的合作。

纳乔和阿非利加的爸爸决定如果有谁不遵守车内的规定，下一周两个人都要坐校车去上学，这意味着他们要起很早。爸爸言出必行。周二兄妹之间又出现了一场争执，然后爸爸就告诉他们下周要自己坐校车上学。除了这一天，这一周余下的时间兄妹俩都表现得很好，他们期待父亲会因此取消惩罚，但是他们并没有如愿。

桑蒂和克里斯蒂娜的妈妈决定如果他们俩发生争执，那么这个周末桑蒂不可以玩游戏机，而克里斯蒂娜不可以玩她的填色袋。

3.奖励配合的孩子

在一开始的时候，为了鼓励孩子并帮助他们克服困难，家长可以奖励那些在需要改善的方面表现得好的孩子。

桑蒂和克里斯蒂娜的家长建立了一套评分系统。每当兄妹两人在吃饭时都表现好时，爸爸就会在日历上标记一个小太阳。

当他们得到5个小太阳的时候就可以跟家人一起在外面餐厅吃一顿饭。3周过去了，孩子们已经获得了8个太阳，就这样渐渐地，他们已经知道为了得到20个太阳的大奖而努力好好表现了。

纳乔和阿非利加的家长也决定奖励合作的孩子。他们使用的也是一套类似的奖励体系，孩子们得到的奖励是周末可以跟家长去看一场电影，当然，还包括一顿美味的晚餐。

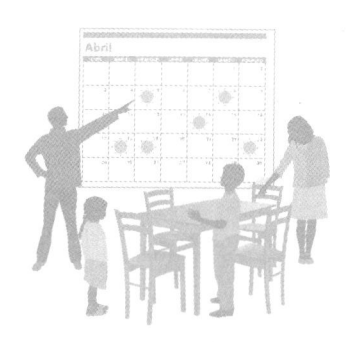

当孩子们吵架和争执时

孩子们通常会因为争抢玩具、电视节目或者客厅里的一个地方以及任何其他原因发生争执。

> 6岁的特雷的妹妹叫克拉拉，今年4岁了。姐妹俩每次玩过家家的时候都会吵架并且又哭又闹的。

针对此类情况，我们建议采取以下措施。

1. "倒计时"

如果兄弟（姐妹）之前因为某件事情争得不可开交，最理想的办法就是家长不要干预，让他们自己解决自己的问题。但是在可能会或者已经发生人身攻击的情况下，家长就必须及时干预了。

如果孩子自己不能解决争执，家长可以采用"倒计时"的方法来解决。"倒计时"指的是家长从30数到0，让孩子们在这段时间内自己解决争执。

> 特雷和克拉拉正在争吵，她俩之中的一方叫来了爸爸，爸爸通常会这么跟她们说："我会从30数到0，你们要在这段时间内自己解决问题。"
>
> 爸爸开始大声倒数："30，29，28……"然后他逐渐走远。
>
> 当他数到0时，他会返回房间看看情况如何了。

> 我会从 30 数到 0，你们要在这段时间里自己解决问题。

2.如果还不能解决，采取"暂停时间"措施

如果孩子之间的争执无法通过"倒计时"措施来解决，家长可以进一步采取"暂停时间"的措施来解决。这一措施指的是让每个孩子待在不同的地方，这个地方必须对他们来说是无聊且无法再互相接触的地方。但是不要让他们待在令他们感到害怕的地方，家长一定要随时看得到他们。他们几岁就分别待上与他们自己年龄相符的分钟数即可。

回到房间后，姐妹俩的争吵继续。爸爸把克拉拉带到厨房，让她坐在一张椅子上并让她在那里待到爸爸通知她可以起来为止。于是，克拉拉在厨房的椅子上坐了4分钟。而特雷在客厅的角落里待了6分钟。等到"暂停时间"结束后，爸爸再想办法解决姐妹俩的争执。

3.表扬合作的孩子

当孩子们成功解决了争执，家长应该表扬他们，因为这样能够有效地告诉孩子他们最初应该怎么做。

> 等到克拉拉和特雷在爸爸妈妈没有介入的情况下自己解决了争执后，爸爸妈妈通常会过来表扬她们，脸上露出满意的笑容。

当孩子们动手打架时

孩子年龄越小就越爱动手打人。这是2到5岁的孩子常用来表达自己挫败感或者不悦的方式。

无论如何，当孩子出现打人的情况时家长都应该及时制止，因为家长必须让他们意识到，这样做不是解决矛盾或者对待自己兄弟（姐妹）的正确方式。

此外，还有一个问题是因为兄弟间一般存在年龄差，所以他们在打架的时候往往力量悬殊，因此哥哥很容易伤害到弟弟。所以，我们有如下建议。

1.家长要更加重视被攻击的一方

如果兄弟之间打架，往往是哥哥会占到便宜。此时，家长应该首先让孩子停止打斗，在最初的时候可以先无视哥哥，多去关注一下被打的弱势方（弟弟），安慰他。

这时候一定不要去责备哥哥，因为如果这样做就相当于给予他关注，而这无异于是对他这种行为的一种"犒劳"。

曼努埃尔8岁了，他有个弟弟叫卡洛斯，今年4岁了。卡洛斯正在房间里玩自己的小动物农场玩具，这时曼努埃尔来了，他也想玩这些小动物。

卡洛斯当然不愿意了，但是哥哥不理会弟弟，直接上来就抢。这时，卡洛斯哭了起来，并且抱怨哥哥。曼努埃尔见状就动手打了弟弟。

等到父母赶过来时，卡洛斯说是哥哥先动手打人的。曼努埃尔也解释道是弟弟不让他玩玩具他才动手的。

> 这时，父母抱起弟弟，然后开始安慰他。起初他们并没有理睬曼努埃尔，也不去注意他。而曼努埃尔则期待父母此时哪怕只是批评他也好。

2.对于打人的孩子要采取"暂停时间"措施

家长要尽量多给予被打者关注，同时尽量忽略打人的孩子，此时家长只需要提醒他去规定的地方自己待着，不要过多去评论、商量或者批评孩子。

> 安抚好卡洛斯后，爸爸用冷静的语调命令曼努埃尔坐到厨房的那把椅子上，在那里要待够8分钟，直到自己让他起来为止。

3.教给孩子另外的解决方式

等到事件平息后，家长应该让孩子解释一下为什么这样做。当然，最重要的是要教会他们除了打人外，还有很多其他的正确解决方式。比如像他们的这种情况，一个比较好的解决方式是如果哥哥想要跟弟弟一起玩的话，要先征求弟弟的同意，并且作为交换，哥哥也要给弟弟提供一个此时能够派上用场的玩具。当然，家长也要教会卡洛斯应该跟哥哥一起分享各自的玩具，大家一起玩才更有趣。

"暂停时间"一过，爸爸叫来曼努埃尔，然后询问他打人的原因。曼努埃尔一五一十地告诉了爸爸。爸爸告诉他永远都不可以动手打弟弟。如果下次还想跟弟弟一起玩，他可以先问问弟弟愿不愿意，把自己的动物玩具或其他玩具也借给弟弟，两个人可以交换着一起玩。

另外爸爸还告诉卡洛斯应该跟哥哥分享自己的玩具，哥哥也会跟他分享玩具，大家一起玩才最好玩。

当孩子们故意引起大人关注的时候

很多时候孩子表现出不良行为其实是为了吸引大人的注意，尤其是当家长的关注点都在弟弟（妹妹）身上的时候，他们最容易这样做。

卢比塔今年7岁，她的弟弟埃米利奥今年3岁。每当她的家长照看弟弟的时候，卢比塔就会无端做出一些很淘气的行为来吸引家长的关注。

其中一个特别吸引大家关注的场合就是她弟弟的生日会。在弟弟最近的一次生日会上，卢比塔竟然毫无理由地将客人们的饮料杯都扔到了地上。

如果发生这种情况，我们建议家长采取以下措施。

1.让(大)孩子也参与进来

只要条件允许，应该尽可能地让姐姐也参与进来或者让她也一起来帮助爸爸妈妈。家长最好不要让姐姐置身事外。

在第二年弟弟的生日会上，家长让姐姐卢比塔也成了主角。他们一起找礼物，一起享受聚会的乐趣。

2.给孩子说明情况

有时候家长想让姐姐也参与进来并没那么简单。家长还是应该向她说明为什么弟弟会在这时受到格外的照顾和关注，姐姐在另外一些时候也会得到这样的关注和照顾。同时，家长也要让她知道如果她表现不好的话他们会是怎样的心情。

3.忽略孩子的不良行为

在孩子表现出不良行为的时候家长要尽可能地忽视孩子。如果家长理会他，就算是责备他，也是在"犒劳"孩子的不良表现。

但是，如果孩子的不良行为无法被忽视，家长最好分散他的注意力，当再无更好的方法时，才可以责备孩子的行为，但要就事论事。

第七章

在二宝出生之前该怎么做

导言

兄弟（姐妹）间产生嫉妒心的一个很特殊的时期就是在弟弟（妹妹）出生之前这段时期。

在本章，我们将为家长提供一系列行为准则和策略，以应对在这段时期内孩子可能会出现的一些常见问题。我们会讲到要二宝之前需不需要先跟孩子商量一下；如果家长已经怀上的话，应该怎样告诉孩子这个消息；怎样让孩子参与到迎接二宝的准备工作中；要告诉孩子可能会发生的变化以及关注孩子的情感和疑问等方面的问题。

家长需不需要先跟孩子商量一下再决定要不要孩子？

是否再要一个孩子是家长应该做的决定。有些家长拿不准到底需不需要先问一下孩子，毕竟从某种意义上来讲，孩子也会一起承受这个决定的后果。

但是，大部分的专家都一致认为在要二宝这个问题上家长无须征求孩子的同意。是否再要一个孩子是家长需要做出的决定，只有他们才能承担责任。

> 克里斯托瓦尔今年8岁了，他想让父母再给他生一个弟弟。现在弟弟出生了，但是克里斯托瓦尔又不想要弟弟了，这时他的父母责备道："是你说想要弟弟我们才生的，所以现在你必须爱你弟弟。"

孩子想要个弟弟（妹妹）家长就决定生一个或者相反都是不可取的。但是对于六七岁的孩子，家长也可以去了解他们的想法，因为他们已经能够明白再要一个弟弟（妹妹）的后果了。

如果已经怀上了二宝，该怎么告诉孩子？

如果家长已经怀上了二宝，那就应该告诉孩子他会有一个弟弟（妹妹）。最好在怀孕3个月左右的时候就告诉孩子。如果孩子已经3岁了，那就可以给他解释一下为什么要有一个弟弟（妹妹）。最好是在孩子从别人那里听到或由家长的谈话产生怀疑之前，由家长亲口告诉他。

家长必须以简明扼要的方式告诉孩子这件事，不要兜圈子。家长也不要通过讲故事的方式告诉孩子，要通过比较自然的方式来表达。看到朋友家刚出生的宝贝或者遇见正在怀孕的朋友都是告诉孩子这个消息比较好的场合。

有可能在此时孩子会表明不想要弟弟（妹妹）。在这种情况下，家长不要去责备孩子，而应该对孩子的情感表示理解。同时，家长也要让孩子知道这个决定已经无法改变了。

家长也不要以一种讹诈的方式把这件事告诉孩子，比如有些家长会说再要一个宝宝是因为他们想要一个更听话的孩子，这实际上是一种对孩子的责备。

这样做，无疑只会加剧孩子对弟弟（妹妹）的排斥和不满。

让孩子也参与迎接二宝的准备工作

一个比较有效的预防措施是让孩子也参与到弟弟（妹妹）出生的准备工作中。

孩子可以陪着家长去买小宝宝的衣物或者其他的婴儿用品，也可以参与到弟弟（妹妹）婴儿房的准备工作中，比如和家长一起动手来装饰和布置婴儿房。

尽量让哥哥（姐姐）有更多的参与感，这样有利于他（她）接受弟弟（妹妹）。

如果孩子还小，在3到7岁之间，家长可以给他讲讲当初他们是怎样准备迎接他的出生的。家长可以说详细一些，比如提到一些用品，像摇篮、婴儿椅、澡盆等也会给弟弟（妹妹）准备。

提前给孩子做好心理建设

随着二宝出生的临近,家长有必要告诉哥哥(姐姐)之后可能会发生的事情,当然,要用适合他(她)的方式讲给他(她)。通常来说,家长可以告诉孩子以下信息。

1.有弟弟(妹妹)的好处

家长要暗示孩子有了弟弟(妹妹)之后有什么好处,比如弟弟或者妹妹会逗大家开心;他们可以教给弟弟(妹妹)他(她)知道的东西;等弟弟(妹妹)长大一点,他们可以一起玩……

2.提前告诉孩子弟弟(妹妹)会得到特别的关照

家长要提前告诉孩子,弟弟(妹妹)在刚出生这段时间会得到爸爸妈妈特殊的照料,比如妈妈会用乳房或者奶嘴喂弟弟(妹妹)喝奶,因为他(她)现在还不会吃饭。弟弟(妹妹)会睡在摇篮里,并且需要有人给他(她)洗澡。同时,家长也要告诉孩子在这些事情上爸爸妈妈同样需要他的帮助。

3.分娩

当孩子即将出生的时候,家长要提前给哥哥(姐姐)解释一下妈妈在分娩过程中会发生什么,比如妈妈需要住进医院里,而爸爸则需要陪着妈妈,他(她)可能需要临时住到其他亲戚的家里(如外公外婆或者舅舅舅妈家)。但是如果孩子还小,一定要记得告诉他(她)爸爸妈妈会想着他(她)的。

4. 弟弟(妹妹)出生以后会怎样

即使孩子还小,家长也需要提前告诉他(她)弟弟(妹妹)刚出生后会怎样,比如弟弟(妹妹)还认不出哥哥(姐姐),弟弟(妹妹)可能会一整天都在睡觉中度过,并且他(她)暂时只能用哭来与大家沟通。

5. 提醒朋友和家人

家长要尽可能地提醒家里人,在孩子面前也要尽量讲一些有了弟弟(妹妹)以后的种种好处,一定要避免对孩子讲一些例如"现在有人跟你争了"或者"你要表现得乖一点了",再或者"你得照顾弟弟"之类的话。

关注孩子的感情和疑问

尽管有上述提示,但是哥哥(姐姐)仍有可能在面对弟弟(妹妹)出生时会感到抗拒和害怕。这时候我们建议家长采取以下措施。

1. 帮助孩子表达自己的感受

家长要鼓励孩子表达自己的感受,无论是消极的情绪,还是恐惧和怀疑。家长嘴里说出的类似"可不能这样讲"或者"你怎么会这么想"的话并不能帮助孩子,同时对孩子宣泄自己的情绪起不到任何作用。面对这种情况,家长应该表示理解,同时帮助孩子表达出他想说的话。

2.解答孩子所有的疑问

关于弟弟(妹妹)的出生,哥哥(姐姐)一定会有一大堆的疑问。而家长则要尽可能地回答孩子所有关于这方面和他(她)的新处境的问题。

3.回答问题要从实际出发

家长对于孩子疑问的解答不能是不切合实际的,或者让孩子产生一种虚假的期待。类似"你永远是我最疼爱的宝贝儿"这种话并非有效的回答,而且当孩子问到一些事实的时候,家长也不可以矢口否认。

总 结

家长想要预防孩子的嫉妒心理,可以利用好二宝出生前的这段时间。提前做好准备工作至少能够减缓孩子的嫉妒心理。因此,我们在本章为各位家长提供了一系列行动规范和策略,以便各位能够处理好这段非常时期内的问题,其中包括需不需要先跟孩子商量一下再决定要不要二宝,如何告知孩子将会有个弟弟(妹妹),让孩子参与到准备工作中,提前给孩子做好心理建设以及关注孩子的情感和疑问。

第 八 章

二宝出生后应该怎么做

导言

妈妈分娩时和宝宝出生后那几个月是一个需要特别谨慎的时期，如果家长应对得当，那么是可以预防孩子的嫉妒心相关的问题的。

在本章我们会就这个阶段给各位家长提供一些行为标准和策略。首先我们来看一下哥哥（姐姐）在这个时期会出现什么反应。

然后，我们会针对二宝出生后的几个月时间提供一些应对策略，这些策略有助于哥哥（姐姐）更好地接纳弟弟（妹妹）。

分娩时刻

妈妈分娩这段时间对于大点的孩子来说是个很关键的时刻。如果他还小，也就是低于8岁的话，很有可能会把弟弟（妹妹）的出生与一系列对他不利的后果联系起来。比如妈妈将会与他分开，会住进医院。这会让他认为是弟弟（妹妹）害得妈妈生病。同时，爸爸也会因此而离开他。在大部分情况下，家长双方都会在这段时间内离开家并改变日常习惯。

因此，当妈妈进入到分娩状态时，父母双方必须采取一些措施来帮助孩子更好地度过这段关键的时期。

1.要确保孩子有人照料

尽管分娩是一个相对紧急的状况，但是家长应该为此做好安排，比如届时孩子在哪里睡、跟谁睡、在哪里吃饭、是不是有其他的家里人照顾他。

2.让孩子与父亲保持联系

在这种情况下，一定要让孩子与爸爸保持一定程度的联系，哪怕只是通过电话。爸爸可以通过采取适合孩子的方式向他说明此时正在发生的情况，比如妈妈此刻的状况如何以及他们有多想念孩子。

3.要保证孩子的生活规律

家长一定要保证在这段时期内,孩子的生活作息规律尽可能地少受到影响:孩子要继续去上学,要继续按照之前的作息时间吃饭,继续参加各种校内外的活动。

如果由于一些原因,妈妈和二宝需要住院超过一周的时间,那么要格外注意与大宝保持联系。要尽可能地让大宝与妈妈多联系、多通电话,不要让他感到被抛弃了,特别是年龄较小的孩子。为此,爸爸应该更频繁地与孩子联系,并且要让孩子知道妈妈怎么样了。

二宝出生后的头几个月

二宝出生后的头几个月对于大宝来讲也是至关重要的时期。为了让家长们能够顺利度过这段时期，我们给家长提供几条建议。

1.庆祝弟弟（妹妹）的到来

二宝出生后，等到妈妈和弟弟（妹妹）从医院回到家，最好一起庆祝一下，不光是为了同家人和朋友一起庆祝二宝的出生，更是为了给大宝提供一个积极的场合融入其中。

要当着大宝的面庆祝妈妈的回归以及他有了一个弟弟（妹妹）。这意味着哥哥（姐姐）也会得到一些礼物和表扬。实际上刚出生的二宝此时是不可能对给他（她）的礼物和赞扬产生任何感觉的，此时的主角应该是比弟弟（妹妹）更为脆弱的哥哥（姐姐），要让他（她）从这些小细节（庆祝活动的礼物）中得到好处。

2.在合适的时间给予孩子特殊的关注

在最初几周家长一定要找合适的机会给予大宝特殊的关注。虽然刚出生的二宝需要照料，但是哥哥（姐姐）在此时也很需要家长的关怀来帮他（她）认识到自己并没有被弟弟（妹妹）所替代，让他（她）明白虽然有了弟弟（妹妹），但爸爸妈妈还是爱他（她）的。

这就需要家长创造专门用来跟每一个孩子相处、玩耍和交流的时间。

3.让大宝参与照料二宝

对于大宝来说,让他感到自己也能帮助家长照看弟弟(妹妹)是很有益处的。当然,要根据孩子的年龄量力而行,不一定非要他帮着给弟弟(妹妹)洗澡或者喂吃的。家长要对哥哥(姐姐)的帮助报以表扬和满意之情。

同时家长也应该鼓励大宝多跟弟弟(妹妹)接触。为此,家长就算很重视新生儿的安全,也不要跟大宝说"你不要碰他"或者"你别招他"以及类似的话。

许多家庭的另一个习惯做法是提醒大宝不要吵闹,以免吵醒新生儿。我们建议大家在白天的时候都照常继续自己的日常活动,这不仅是因为新生儿其实很难被家中正常的声音吵醒,而且还有一点很重要,那就是他需要渐渐学会分辨白天和晚上。而噪声和光亮对新生儿来说就是最初的信号。

4.当其他人靠近新生儿的时候

一般来讲,在新生儿刚出生的几周内,会有很多朋友和亲戚来看望,他们把注意力和评论都放在二宝的身上,很容易会忽略大宝的感受。

而此时家长一定要记得把注意力转移到大宝的身上,同时也要记得对来访者表扬大宝是如何帮着他们照顾弟弟(妹妹)的。

5.分享卧室

只要条件允许,我们建议家长在头几年要让大宝和二宝住在同一个房间里。这是一种帮助他们建立相互感情纽带的方式,从而增进兄弟(姐妹)之间的情谊和沟通。

6.如果大宝有抵触情绪

尽管家长做出了很多努力,但是大宝还是公开表示不喜欢弟弟(妹妹),家长这时也要表示理解。不论怎样,家长都要像往常那样表现,无须做出改变。因此,家长没必要在给二宝喂奶或者专门照顾弟弟的时候躲进房间里避开哥哥(姐姐)。

总 结

在本章我们为家长提出了一些建议,以便他们帮助大宝度过二宝刚出生这段特殊的时期。这些建议会告诉家长在分娩和二宝出生后的几个月的时间内应该如何对待大宝,才能让他顺利地接纳二宝,融入新的环境。

第九章 结论

何时需要咨询专家?

如果本书中推荐的措施对家长解决孩子嫉妒心的问题起不到作用,这时就建议您咨询专家了。

下面我们列举了一些指标供家长们参考,以决定是否需要咨询专家。

1.家长是否感到无能为力

家长在不同的情况下是否感到很难在至少两个月的时间内顺利并持续地采用本书所推荐的措施。

2.孩子的不适持续超过半年

那些明显由孩子的嫉妒心导致的不良行为持续出现超过半年的时间,并且在这段时间内孩子的情绪、跟家人的关系、个人成长或者学习方面都出现明显的不适感。

3.孩子的行为明显反常

另一个家长可以参考的点是自从二宝出生以来大宝的行为是否出现了明显的反常。这种现象可能是大宝在二宝出生后或者更晚一段时间内(等到二宝开始走路和说话时更加引人关注)才得知自己多了个弟弟(妹妹)的消息导致的。

孩子行为的反常可能包括逆反行为和消极行为,比如表现得很悲伤,抱怨身体不适或者身体疼痛,又或者可能会变得极端负责。无论哪种情况都有可能毁掉孩子生活中的某一方面,比如情绪、家庭关系、学业或者个人发展。

需要咨询哪方面的专家?

在上述的情况下,家长们可以咨询以下几方面的专家。

1. 在学校

大部分的学校都聘有教育专家、心理专家和心理教育专家,这些专家都是当孩子遇到情况时可以去求助的对象。这些专家专门应对青少年问题同时为家庭提供咨询服务,而且一般来说这些专家都认识孩子,所以这也大大简化了很多事情。

2. 在医院

如果孩子已经在医院里就诊,主治医生则是首先要咨询的专家。

无论在哪种情况下,无论是校内的专家还是专业的医生,他们都会对孩子的状况进行初步评估。在评估之后,他们会针对孩子的情况给出治疗方案,或者会推荐其他更对口的专家。

更对口的专家是具有丰富儿童相关工作经验的临床心理学家。而家长在公共医疗系统内或者私人诊所里都可以找到他们。

这类专家的治疗会更加具有针对性且更为系统，治疗的对象不光是孩子，还包括整个家庭。

了解更多……

我们建议各位家长阅读整套"解决孩子成长难题的八堂国际训练课"丛书，这样可以更深入、更有针对性地解决具体问题，比如《第八堂课·孩子不听话，该怎么办》和《第二堂课·如何正确纠正孩子的不良行为》。另外《第五堂课·如何让孩子学会遵守纪律》一书也值得推荐。

#　第 十 章

家长提问

家长提问

在本章我们会解答家长们经常遇到的一些问题，一些与孩子嫉妒心有关的问题的内容需要澄清，另外一些则是如何解决孩子之间出现的与竞争和嫉妒相关的实际问题。

> 我们有两个儿子，小的刚好5个月，大的4岁了。我们现在非常诧异，因为老大现在要求用奶嘴和吃小宝宝才吃的土豆羹，并且还要求回到摇篮里睡觉。这种反常的行为是否跟他弟弟的出生有关呢？我们该怎么解决？

您所描述的情况有时会发生。哥哥，尤其是年龄还小的孩子，当他有了弟弟（妹妹）时，会表现出早已克服的幼年时的行为。我们称这种现象为返幼行为，在您家孩子的情况中的表现就是孩子想要用回奶嘴或者回到摇篮中睡觉。另外还有一些孩子会变得口吃，可能会出现语言表达幼年化的表现，甚至变得口齿不清。

这时孩子会认为如果再次像小时候那样表现，就还会被当作小孩子一样对待，并且，他也想借此举重新获得被弟弟（妹妹）夺走的与母亲的亲密关系。

家长在面对这种情况时，我们的建议如下。

（1）家长要理解孩子，告诉孩子在他小的时候，爸爸妈妈也是这么照料他的；告诉孩子为什么弟弟（妹妹）现在需要这些照料，为什么弟弟（妹妹）会出现某些行为，以及为什么他已经克服这些行为所以不再需要这些条件（或物品）了。像您家孩子的这种情况，您需要向他解释弟弟为什么需要用奶嘴，而为什么哥哥可以吃固态的食物。

（2）家长应该表现得十分坚定，也就是说不要理睬孩子的这些返幼行为，也不能对他的这种要求有任何的退让。因此，家长绝不可以毫无立场地给他用奶嘴，或者让他睡回到摇篮里。在这种情况下家长需要无视孩子的要求和行为，它们自然会慢慢消失的。

> 我太太怀孕6个月了。我们已经有一个5岁的儿子，但是他多次公开表示他不想再要一个弟弟妹妹。我们为此感到很忧虑……我们是不是当初应该先问问他？他这样说是正常的吗？

几乎所有的专家都一致认为，就家长是否要二宝这个问题没有必要征求孩子的意见，因为这是家长应该考虑承担的责任。家长也不要告诉孩子再要一个宝宝是因为他提出了要求。家长只需要告知孩子他会有一个弟弟（妹妹），这样做是要让孩子从自己家长那里得知准确的消息，并且家长要回答孩子关于此事的一切问题。

孩子抗拒家长的决定并且公开表示不喜欢即将到来的弟弟（妹妹），虽然对于家长来说很难办，但没有什么可令人惊讶的。其实，孩子只不过公开表达了自己的感受而已。

有时孩子会预先假设弟弟（妹妹）的出生会给自己带来怎样不好的后果。比如失去自己的特权、被弟弟（妹妹）取代、需要跟弟弟（妹妹）分享……也有一些孩子把家长的决定理解为一种拒绝，这些孩子可能认为家长这样做是因为他们不再爱他了或者对他不满意了，所以他们想再要一个宝宝。

对于家长来讲，孩子出现这种想法是一件他们很不愿看到的事情，但这是孩子必须经历的一个过程，并且一般来讲孩子是可以自己解决这个问题的。在这种情况下，我们的建议如下。

（1）鼓励孩子大胆表达出自己的感受。这就意味着家长不应该用以下表达来责备孩子："不可以这样说哦"或者"你怎么可以这样说……"。

（2）家长应该对孩子的感受表示理解，并且帮助孩子调整语言逻辑，让他能够通过自己的语言表达出他想说的话。如果家长您恰好也有弟弟（妹妹），可以给孩子解释一下当时您是怎么想的。当然我们也建议您一并给孩子讲讲看当您的弟弟（妹妹）出生的时候自己的感受是怎样的，然后再讲讲您对孩子的感情。这些感情不应该给孩子带来不真实的期望或者幻想，比如"你永远是妈妈最爱的宝贝……"因为这些话可能最终对家长不利。

（3）家长也可以给孩子解释其实他不是必须喜欢弟弟（妹妹），另外也可以跟孩子讲一些有了弟弟（妹妹）以后好的方面。

（4）在二宝出生前后，家长应采取我们在本书中建议的措施。

> 我有两个孩子，一个9岁，另一个6岁。他们两个总是发生争执。我总是要在他俩之间进行调解，或者把他俩分开。这样实在是太累人了！我已经试过很多办法但是都没什么作用。请问我还能怎么办？

您所说的情况很常见:孩子之间反反复复的打架斗嘴会迫使家长不得不频繁地介入调和。对此我们的建议如下。

（1）在家中要制订明确、具体和合理的规定,这些规定要在孩子们之间的某些方面划定界限。比如,不允许他们打架、骂人,不允许他们未经对方同意就拿走对方的物品或者打扰对方学习。

（2）家长要对自己定下的规定做到言出必行,对不遵守规定的孩子采取惩罚措施。相关的惩罚措施已在书中给出,家长可以查阅参考"暂停时间"或者"剥夺特权"等措施。

（3）只要孩子遵守规定,我们建议家长不要过多干预,让孩子自己去解决争执。此时家长可以采用"倒数"措施。如果孩子其中一方叫家长干预,家长可以告诉他们接下来您会从30数到0,他们要在这段时间内解决争执。否则,您会对每个人都采取诸如"剥夺特权"或者"暂停时间"之类的措施。

（4）家长要培养鼓励孩子之间的合作,当孩子相处融洽的时候多关注他们,表扬他们的合作同时表示出您对他们的良好行为的满意。

> 我们有一个5岁的女儿和一个12岁的儿子。我们认为老大并不嫉妒妹妹,但是他经常会欺负妹妹,把她弄哭。请问这是怎么回事?

这种情况下可能同时出现了很多问题。一方面，老大现在的年龄正是需要其他人肯定其个性的时候，就好像他要让全家人都知道他已经不是个小孩子了。

有时，这种个性的肯定会演变成否定和拒绝一切的幼稚行为。当他这样对待他妹妹时就是在表达他已经不再像妹妹那样是个小孩子了。

另一方面，在这个年龄的孩子，正如我们前面所述那样，正在步入与家长的价值观和规则容易发生冲突的时期，这期间他们会质疑家长的想法，并且不再像之前那样无条件地接受家长的决定跟想法。

或许孩子对家长不敢表示出什么，但是面对跟家长思想一致的妹妹，他却敢表达出来。

但无论怎样，这都不是一个孩子应有的行为，所以家长应该加以纠正。对此，我们的建议如下。

（1）家长应该让他知道这样对待妹妹是不对的。家长可以让他换位思考，如果家长跟他说了同样的话，他会怎样想。

（2）家长应该教给孩子遇到其他此类情况可以采用的正确的方式，包括正确的言行、如何表达观点不一致，以及遇到看法不一致的时候应该怎样解决。

（3）家长需要鼓励孩子与人合作以及用合适的方式对待别人，比如当孩子表现正确的时候，家长可以适当地表扬并对此表示满意。

（4）如果采取上述措施后孩子仍不改正，那家长可以采取惩罚措施，小到责备孩子，大到剥夺他的特权。

> 我们家大女儿7岁了，小女儿4岁。妹妹的出生对她的影响很大，从妹妹出生到现在一直如此。我们什么时候应该去看专家呢？

一旦孩子出现以下情况，就应该去看专家了。

（1）当孩子明显由嫉妒心造成的不良行为持续超过半年以上，并且嫉妒心理对孩子的情绪产生了很大的影响，孩子的家庭关系、个人发展和学业等方面均受到波及。除了持续时间外，还有一个家长应该注意参考的关键点是，孩子的嫉妒心会对他个人生活的某些方面造成破坏性的影响。

（2）孩子自从有了弟弟（妹妹）以后就表现得行为反常。也就是说您的女儿很有可能是从得知自己将会有一个弟弟（妹妹），又或者弟弟（妹妹）因为开始说话和走路变得更引人注目的时候开始，行为就已经发生了改变。

当家长把孩子的反常行为作为咨询专家的依据时，这其中既包括孩子的行为变得更叛逆和消极，也包括他（她）会表现出悲伤的情绪，抱怨身体疼痛或者不舒服，或者变得极度负责任。

（3）第三个用以判断孩子是否有必要去看专家的依据并不常见，即孩子是否出现了伤害弟弟（妹妹）的行为。

本书中第十一章的问题集可用来评估孩子的嫉妒心是否已经达到家长需要重视的程度，这能够有效帮助家长确定孩子是否需要就医。

我们的大儿子7岁了，他还有一对3岁的双胞胎兄弟。我们承认双胞胎兄弟目前在我们心里几乎完全取代

了大宝的位置。我们该怎么办？

双胞胎兄弟的出生对于家长来讲一定意味着更多的努力和投入，家长一般都会在他们身上倾尽全力，这就可能导致家长会在无意间忽视了另外的孩子。

但无论如何，这不一定总会对哥哥造成不好的影响。有时，正是因为这样，哥哥会变得更加独立自主，这也有助于他变得更加成熟。

综上所述，我们对于已经有了孩子又要了一对双胞胎的家长的建议如下。

（1）妈妈应每天找一个专门的时间跟孩子独处，也就是说每天找出一段时间专门用来陪哥哥，陪他玩游戏或者聊天都可以。为此，这需要夫妻之间的相互配合。此外，也要促进孩子跟爸爸的关系。

（2）家长要鼓励哥哥的个性发展，培养他自己的兴趣和风格。

（3）家长不要让双胞胎弟弟们成为哥哥的负担，要结合孩子的年龄让他帮助家长照看弟弟们，但是不要让哥哥为弟弟们负过多的责任。

（4）家长要让双胞胎弟弟们尊重哥哥的空间和物品，还有哥哥的隐私。

> 我们家的情况是弟弟嫉妒姐姐。姐姐今年10岁,学习非常好而且还在一家舞蹈学校学跳舞。弟弟7岁了,但是他总想着通过自己的不良行为引人注意。请问我们应该怎样做呢?

当孩子达到一定年龄的时候,有可能他们之间的嫉妒心和敌对情绪会调转方向。对于此类情况我们的建议如下。

(1)家长不要在兄弟(姐妹)之间进行比较。您刚刚所描述的情况实际上很容易在无意中让姐姐成了弟弟的模仿对象。

(2)家长要分别对待每个孩子并培养他们各自的兴趣。这就要求家长具体考量每个孩子所做的事情和他的能力。比如姐姐,家长可以继续鼓励她在学习和舞蹈方面的兴趣;而弟弟这边,家长可以帮助他发现自己的兴趣。如果他的学习成绩并不好,家长可以考量一下他在学业上的努力和投入程度。

(3)弟弟的行为可能就是一种他用来吸引家长注意或者让自己成为焦点的方式。

家长一定不要给孩子贴标签,不要说"太烦人",或者"家里的淘气包"之类的话。

家长要多关注和表扬孩子好的表现，要尽可能地无视他的不良行为，这样一来不良行为对孩子来说就失去了可以利用的价值。

家长要鼓励姐弟间的合作，但是不要去强迫他们合作。

> 我家大宝5岁了，二宝才7个月。哥哥总去招惹弟弟，还经常把他弄哭。所以我禁止他再靠近弟弟。这样做对吗？

家长这样做是为了避免哥哥再次把弟弟弄哭，但是禁止他靠近弟弟并不是一个正确的决定，而且也不切实际。对此，我们建议家长可以这样做。

（1）您要教给哥哥与弟弟相处的正确方式，比如应该怎样对待弟弟，以及什么样的举动会让弟弟伤心。您告诉他可以亲弟弟，但是使劲抱弟弟会把他弄哭，因为弟弟太小了。

（2）当哥哥跟弟弟好好相处的时候，您一定要表扬他并对他好的行为表现出满意，因为这样他就会记住这才是他应该对待弟弟的方式。您也可以通过语言鼓励孩子，比如"你把弟弟照顾得真好！"或者"你真爱弟弟啊！"。

（3）您可以请哥哥帮助你们照看弟弟。他这个年龄已经可以帮忙准备给弟弟洗澡的东西了，比如卫生用品和摇篮。您还必须教导他弟弟并不是玩具，某些特殊的照顾，比如喂奶或者洗澡，还是要由爸爸妈妈来做。

> 我最头疼的是我的两个孩子之间总打架，他们俩一个6岁，一个8岁，每天都会打架。我该怎么办呢？

孩子之间的敌对心理和嫉妒行为经常会演变为"动手"。这个行为确实是不应该被允许的,不光是因为孩子可能会受伤,而且这是一种不正确的解决争执的方式。

当孩子频繁动手的时候,我们建议家长这样做。

(1)您要跟孩子声明从此以后绝不允许他们之间再打架,一是因为他们这样做会伤害到对方,二是因为这并不是正确的解决争执的方法。

(2)同时您也要尽量避免促使孩子频繁打架的情景,并为此制订严明的规定。如果他们打架的原因是争抢游戏的地点,起初,您可以先让他们分别待在不同房间玩。当他们的冲突比较激烈时,您可以提醒他们那些规则,告诉他们您希望他们怎么做。

(3)如果他们还是打架,此时您可以采取"剥夺特权"这个措施。您可以在一个下午(不要比这个更久)的时间里不让他们进行他们喜欢的活动。

(4)您需要慢慢教导他们在每一种具体情况下如何做到不动手也可以解决问题。

(5)刚开始的时候您可以奖励他们的合作与进步。为此,您可以在他们以前经常打架的某些情况下表现良好的时候表扬他们,并且对他们的行为表现出满意的态度,也可以在一开始建立一套鼓励他们和谐相处的奖励机制。您可以这样制订这个机制:第一个没有打架的下午奖励他们一顿特殊的晚餐;第二个奖励是连续两天没有吵架;第三个奖励是在第五天的时候……奖励可以是去看电影、外出游玩或者是一顿与众不同的晚餐。

(6)您需要审视一下自己的教育方法,然后改正那些并不完全正确的。

> 我们最近一直意志消沉,因为我们家的两个孩子(一个6岁,另一个8岁)永远都相处不好。请您给我们一些建议。

家长希望兄弟（姐妹）之间和谐相处并且处处分享的愿望并不总是切合实际的。相比家长设想的美好场景，大部分孩子之间都会发生口角，并陷入敌对状况。

在不超过一定界限时，这种敌对竞争关系是有益的，因为这是孩子与他人相处的基本经验。

无论如何，家长总应该做些事情来改善孩子之间的关系。

（1）家长要避免在孩子之间来回比较。有些家长经常会在评论孩子的时候，或者在生气的时候，有意去与其他孩子比较。有些家长对不同的孩子的态度和行为也会形成对比。

（2）家长要培养孩子的合作意识并且淡化孩子的竞争心理，比如可以建议孩子进行一些通过合作才能完成的活动。

（3）家长不要强迫孩子相处。有可能兄弟两人性格和兴趣迥然不同，这时真的没必要非要让他们合得来。

（4）家长可以多组织一些促进家庭关系的活动，比如一起出门购物、分享物品、一起玩乐以及主动引导全家范围的沟通和交流。

孩子之间的嫉妒心和竞争心理会随着年龄增长消失吗？

嫉妒心是一种对自己当作对手的兄弟（姐妹）的羡慕、怨恨和不满情绪。这种情绪通常会随着时间慢慢消失。

但是如果这种情绪变得很持久且很强烈，那么孩子可能遇到问题了。家长的态度可以平息孩子的这种心理甚至让它完全消失，或者相反，家长的态度也会让这种情绪变成慢性的病态问题。

有些家长在处理孩子关系的时候有失公正，公开地偏向一方。也有些家长总爱把孩子比来比去，那么有一个孩子总是会被比下去，而家长这么做正是在加剧这个孩子对兄弟（姐妹）的怨恨和敌意。

在这些情况下，嫉妒心和敌意自然会变得很持久，并且在某些极端情况下会导致兄弟（姐妹）之间毫无感情而言。

> 我们家的小儿子出生的时候带有某种问题（疾病），所以我们都更偏向他。对他5岁的哥哥我们该怎样做呢？

二宝出生时出现严重的健康问题意味着母亲在产后也要在医院多住上一些时日，父母也会经常带着弟弟四处看专家，正如您所描述的那样，你们对这个孩子可以说是倾尽全力，但这同时也忽略了老大的感受。

这属于不可避免的情况，但是，可以通过以下措施得到改善。

（1）在母亲分娩后在医院住院这段时间要尽可能地让孩子跟母亲多联络。在不方便去医院看妈妈的时候至少可以通过电话联系。

（2）如果住院的不是母亲而是刚刚出生的小宝宝，并且由家长在身边陪着他，应该保证家长双方都要定期跟大宝联系。即便家长已经分居（非离婚），也绝不能超过一个礼拜不联系孩子。

（3）在这段时间内要尽可能地保证大宝的生活规律，要让他按照正常的作息时间吃饭、睡觉、上学，同时要尽可能少地去更换照看大宝的人和地方。

如果实在无法做到这一点，建议您提前告诉孩子他会跟谁一起住、住在哪里，以及住多久。对于年龄较小的孩子您可以使用日历：在日历上标出他现在待的地方，然后用照片和简单的图画标出接下来的5天孩子会待在哪里。

（4）根据孩子的年龄，以适当的方式告诉孩子现在家里的情况和最近发生的事情。5岁的孩子，比如您家的孩子，您无须过多解释，他自己就能明白目前的状况了。

（5）让孩子表达自己的感受，哪怕是指责或者对现在情况的抗拒。如果孩子对于现状的情绪是消极的，您也一定不要对孩子说"你怎么这么自私"或者"你弟弟现在生病呢，你不要……"。相反，您应该对孩子的情绪表示理解，然后给他说明现在的情况。

（6）您可以尽量给哥哥解释有了弟弟以后的种种好处，一定要避免提到生病的弟弟会给家里带来的负面影响，比如家长因此经常不在家，或者不可以出声吵弟弟休息，或者弟弟需要额外的照料……

大宝和家庭成员也应该建立积极的联系，比如一起庆祝爸爸妈妈和弟弟的回归，一起庆祝哥哥的生日，一起庆祝弟弟的满月。大家在这些活动中都是主角。

> 每当我们专心照顾小儿子的时候，我们的大女儿总是表现得格外的不好。我们该怎么做？

孩子故意表现不好其实就是一种表达嫉妒心的方式。这样做就是想把家长的注意力从弟弟身上转移到自己身上。遇到这种情况时，家长可以按照以下建议采取行动。

（1）如果可能的话，无视孩子的不良行为。如果您不去理她，那么她的这条计策就失去作用了。我们这里所讲的"无视"指的是既不指责孩子也不去跟她讲话，甚至看都不要去看她。家长可以当作什么都没有发生。

但是这个策略的应用场景是相对有限的。

（2）有时候家长可以让孩子以助手的身份参与照料弟弟的事情。当您的女儿可能会表现不好的时候，比如当您专注于给弟弟洗澡的时候，其实可以让姐姐也参与进来，请她给予合作，从而扭转局面。

（3）给姐姐解释为什么你们会区别对待她和弟弟，为什么在某些情况下会特殊关注弟弟，告诉她在她小的时候爸爸妈妈也是以同样的方式照顾她的。

（4）当孩子表现好的时候要特别关注她。有时只需要表扬她的好行为或者对于她的表现表示出满意就可以了。

> 我该怎么判断我家孩子的嫉妒心理算不算真正的问题？

孩子有嫉妒心是正常的，这是大多数孩子都要经历的阶段。这就是我们前面所述的"失宠王子"的情形。

在大部分情况下，孩子都能克服这种情绪，或者这种情绪会被削弱到不会影响孩子的身心健康。但是，在有些情况下，可能由于孩子本身很敏感或者家长介入方式的问题，这种情况会长期存在且很难克服。家长们可以参考以下方面来判断自己的孩子是否已经遇到了真正的问题。

（1）孩子是否表现出明显由嫉妒心导致的不良行为已经持续超过半年了，并且这对孩子的情绪、家庭关系、个人成长和学业都产生了明显的不良影响。

（2）是否自从二宝出生，大宝就表现出明显的行为反常。这种反常有可能是从大宝得知要有弟弟（妹妹）的时候就开始的，也有可能是从弟弟（妹妹）开始说话和走路以后大家更关注他（她）的时候开始的。这种行为反常既包括更叛逆或者消极的行为，也包括孩子显得很悲伤，会经常抱怨身体不舒服，甚至是哪里疼，又或者有的孩子会变得极端负责任。但无论哪种表现,都会对孩子生活的某一方面造成破坏,比如情绪、家庭关系、学业或者个人成长。除此之外,这种行为反常通常需要持续一段时间才可以作为标准,就像上面一条,需要超过半年。

> 我们有一个5岁的女儿,现在还会再领养一个女儿,但是我们的女儿还不知情。我们需要先跟她商量一下吗?我们领养了另外一个女儿后,我们自己的女儿会不会吃醋?

领养儿童属于一种比较特殊的情况,暂不在本书的讨论范围内。

无论是领养一个孩子还是自己生一个孩子都属于家长自己的决定。至于您的女儿,您需要告知她这个情况,但大部分的专家都不建议在要孩子或者领养孩子之前先征求孩子的意见。正如前面所说的,无论是自己生,还是领养孩子,都只是家长的责任。

关于您提出的第二个问题,当您领养另外一个孩子后,女儿见到她会不会吃醋,答案是肯定的。亲生兄弟(姐妹)之间亦是如此。在领养这个问题上,有一些变量导致这是一种很特殊的情况。

把孩子最终领养回家的过程非常耗时且费力,若是跨国领养,还经常需要出国才能完成整个手续。

由于他们一般是家长非常渴望领养的孩子,所以家长在他们身上的付出和获得的满足感都是特别的。

尤其是从国外领养的孩子,由于他来自不同的民族,所以会在一开始的时候格外吸引家里人的目光。

总而言之,我们在本书中提出的建议依然适用领养儿童的情况。

> 我们的问题很具体,请问如何避免俩孩子在吃饭时间发生争执?

对于这种情况,除了本书中的建议外,我们还建议家长做到以下几点。

(1)建立具体明确的吃饭时间的规则:家长要明确地告诉孩子希望他们怎样表现,以及在吃饭时间什么是不可以做的。比如不可以叫喊、不可以骂对方;吃菜要有长幼顺序,长辈先吃,然后晚辈再吃。总体上讲,就是要控制一切吃饭时不好的行为。

(2)预防冲突的升级。有些争执的源头是可以杜绝的。比如,在一个不舒服的地方吃饭或者兄弟两人挨得很近吃饭都可能使他们发生争执。请家长尽可能地改进这些方面。

(3)一旦有人不遵守规定,家长就要采取惩罚措施。家长可以采取的措施在本书中都进行了介绍,一般包括从有限次数的提醒注意到临时剥夺孩子的某项特权。

(4)加强孩子之间的合作。家长最初打算改善孩子行为的时候可以先培养他们之间的合作意识,也可以通过表扬或者表达满意等方式来鼓励孩子遵守规则的好行为,甚至可以建立奖励机制。

> 我和前夫有一个儿子。现在我打算跟我的丈夫再生一个女儿。请问,我们该怎么做?

这是一个比较棘手的情况,因为涉及很多不可控的情形,即使您与前夫的儿子已经在法律上获得了现在丈夫的承认。

父亲这边可能出现不同的归属感,可能会认为女儿是自己的,这会影响到他对儿子和女儿的客观判断。

母亲也会产生一种情绪:女儿是自己跟新任老公的爱情结晶,但这样的想法总体上是比较积极的。

大宝尽管年纪尚轻,但是已经能够观察出当前的形势,当然也能明白这个妹妹对于妈妈的特殊意义。

家庭圈子里的其他人也有不同的看法和感受，尤其是孩子的爷爷奶奶。

这时候我们建议您一定要考虑到以下几点。

（1）家长应该从心理上做好准备面对现实，要把两个孩子都看作是自己亲生的，尤其不要在两个孩子之间进行任何方面的比较，也不要试图通过物质补偿来表达自己对大儿子和小女儿的感情是一样的。

（2）家长可以尽量去解答儿子所有的疑问，以理解和诚意去接受他的情感和疑问。

（3）至于爷爷奶奶那边，您需要去沟通并且至少与他们达成基本的一致。换句话说，您应要求孩子的爷爷奶奶未来不会对儿子进行任何比较的言论和行为，而且一定会正常对待儿子。

（4）可以采用本书为解决其他兄弟（姐妹）之间的问题提供的措施。

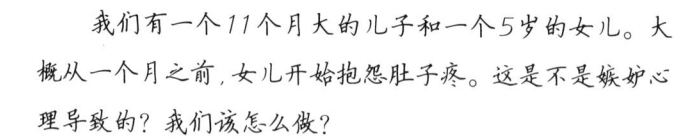

> 我们有一个11个月大的儿子和一个5岁的女儿。大概从一个月之前，女儿开始抱怨肚子疼。这是不是嫉妒心理导致的？我们该怎么做？

有时，原本心理层面的嫉妒会躯体化，我们将其称为"身心疾病"。情绪可以转变为诸如腹痛、头痛等症状。有时这些身体的不适反应可能就是嫉妒心在作祟，但也有可能是一种孩子想引起家长注意的方式。无论怎样，我们的建议如下。

（1）去看下儿科医生，检查下孩子是否生病了。

（2）如果孩子本身没有生病，家长可以找学校的老师聊聊看，孩子的情况是否与学校有关或者在学校孩子是否也表现出反常行为。

（3）如果上面的两种可能性都被排除了，那么孩子的这种不适就基本可以判断是由弟弟的出生引起的，这时家长可以考虑采取下面的措施。

跟姐姐谈谈心,让她表达自己对弟弟的感受。就算她表达的是怨恨或者抗拒也不要阻拦她的表达。

要理解孩子并且跟她讲明情况。为此,家长可以帮助孩子"翻译"她的感受,换句话说,就是向她解释你们认为她是怎样的感受或者帮助她重新组织语言来表达她为什么会这么想。

要坦诚地给孩子解释你们的感受,不要让她产生虚假的期许,告诉她你们对她的感情是怎样的,以及有了弟弟以后的生活会是怎样的。

要努力创造与女儿单独相处的时间,也就是说,家长全心全意陪伴她的时间。

让女儿参与照料弟弟,成为爸爸妈妈的帮手。所以不要阻止女儿靠近弟弟,不要对她说类似"小心点"或者"不要把他弄哭"之类的话。家长最好教孩子应该如何对待弟弟,以及哪些东西会把弟弟弄哭。

可通过分享、沟通、交流,开展集体活动等方式营造团结的家庭氛围。

> 我们该怎样避免我们的家人、朋友或者邻居只关注二宝而忽略了我们4岁的大宝?

避免这种情况实属不易,因为家长不能轻易地去影响别人,所以您提出的问题并不符合实际。但是我们建议您可以这样做。

(1)对于那些比较熟或者很信任的人,您可以跟他们说明一下情况,请他们也关注一下大宝。

(2)与其他人一起的时候,您就需要亲自谨慎地将他们的注意力转移到大宝身上,您可以发表对大宝的评论或者对其他人赞扬他与二宝的和睦相处。比如,"你们可能不知道他能帮我做可多事情了""今年他在学校里学了很多"等类似的表达。

> 我们有两个孩子，一个4岁，另一个7岁。我们现在想了解一下有兄弟姐妹的好处都有哪些？

正如我们在本书中所述的，兄弟（姐妹）之间的关系本就伴随着矛盾和冲突，但是从总体上来讲，兄弟（姐妹）之间的关系对于孩子的顺利成长发挥着积极的作用。大部分专家都强调的这种关系带来的好处包括以下几方面。

兄弟（姐妹）关系即孩子社交经历的开始，也就是孩子会先跟兄弟（姐妹）一起学习如何与人相处。

有兄弟（姐妹）的孩子都不会感到孤独，也会懂得他并不是唯一的，别人与他同样重要。

兄弟（姐妹）间的相处会让孩子学会分享，学会让步，学会通过商量得到某样东西，学会对话，学会享受别人的陪伴，学会保卫属于自己的东西和想法。

通过与兄弟（姐妹）的相处，孩子也能学会尊重别人的界限，了解自己的行为会对别人造成好的或坏的影响。

第十一章

问题集

本章包括两个问题集。这两个问题集主要有两个功能：一方面用作测试，即帮助家长评估与孩子嫉妒心相关的方面；另一方面用作对于家长现在的做法和孩子现状的跟进，以便家长评估已经采取的措施是否有效。

我们首先提到的第一个功能，即用作测试，并不像教育心理学领域的标准测试那样准确、可靠，但是家长可以把这个测试用作初步评估。如果结果不乐观，家长就有必要请相关专家结合孩子自身情况和全部的变量来进行深入的分析和评估。

另外，本章中的两个问题集的结果均通过量化的方式体现，即家长可根据问题集后给的判分标准将自己的总分算出来。根据不同的分数我们还提供了相对应的解读，以便家长能够更好地理解得分背后的意义。此外，完成问题集的家长还可以通过每一道题的得分情况了解自身的优点和缺点。

问题集的第二个功能即用作跟进，评估已经采取的措施的效果。当家长初次评估得分不高的时候，建议采取改进措施后，每隔一段时间再次进行评估。这样一来，家长可以更客观地看到自己哪些方面得到了有效的改善以及哪些方面仍需努力。

关于孩子嫉妒心问题程度的评估

导言

本问题集旨在评估孩子对兄弟（姐妹）的嫉妒心和敌对情绪导致的常见行为问题。

本问题集适用于想要了解自己的孩子是否出现这种情绪以及这种情绪是否已经影响到了孩子的行为的家长。

当然，本问题集也可以用作跟进来评估已经或正在采取的措施的效果。当家长在初次评估得分不高时，建议在采取措施一段时间之后再次进行评估。这样,家长就可以明确自己取得的进展。

初次完成问题集时,请选出对应您家孩子情况的答案,您可以参考他近两个月的表现。如果用作跟进,您可以参考采取措施后这段时间内孩子的表现。

本问题集包括4个答案。

几乎从不:这个选项指的是曾经出现过的行为,但是非常少见,甚至已经不再出现。

偶尔:这个选项指的是那些出现频率较低的行为,并不会每周都出现。

经常:这个选项表示对应的行为每周会出现若干次,但不是每天都会出现。

几乎总是:这个选项意味着对应的行为发生的频率很高,或者代表这是一个在孩子身上常见的行为,几乎每天都会出现。

问题集1

行为	答案			
	几乎从不	偶尔	经常	几乎总是
孩子会主动招惹兄弟(姐妹),在兄弟(姐妹)做事的时候故意打扰他(她)或者挑衅他(她)				
故意把兄弟(姐妹)弄哭,用力抱紧他(她)、掐他(她)或者通过其他方式				
嘲笑自己的兄弟(姐妹),辱骂他(她)或者用不礼貌的话贬低他(她)				
在家长面前打兄弟(姐妹)的小报告				
抵触自己的兄弟(姐妹),比如说"我不想跟他(她)待在一起""我不想带着他(她)"或者类似的话				
问家长还爱不爱自己				

（续表）

行为	答案			
	几乎从不	偶尔	经常	几乎总是
出现返幼行为，比如想要重新用奶嘴、跟家长一起睡、尿床，或者说话的语气变得很幼稚				
孩子毫无原因地抱怨身体不舒服，或者某些身体部位疼痛，出现呕吐、头疼等症状				
自从自己的兄弟（姐妹）成为众人的焦点，孩子的行为就变得很反常，比如变得更叛逆、爱吵闹，变得更消极或者更悲伤、更容易哭，又或者变得格外负责				
最近孩子经常批评我们，尤其是妈妈				

判分标准及答案解读

完成问题集后，家长可以参考以下标准自行评分：

几乎从不 =10分；

偶尔 =7分；

经常 =4分；

几乎总是 =0分。

总分在76分到100分之间，或者大部分答案选择"几乎从不"，说明孩子没有嫉妒的表现。相关的行为也很偶然，程度很轻。

如果在前5个问题中有选择"经常"的问题，说明在相应方面有待改进。

如果在第6题到第10题的答案中有选择最低分值（0或4）的答案，有可能不是嫉妒心而是其他原因导致孩子出现对应的行为问题。

如果您在上一次测试中的得分低于46分，并且已经采取了一段时间的措施，本次测试用作跟进，那么取得目前这个分值说明您对孩子嫉妒心的治疗和应对十分有效，取得的进步明显。

总分在60分到75分之间，或者大部分答案选择"偶尔"，说明孩子的行为问题属于轻度的问题，并且问题只出现在某一些方面。

此时在前5道题中选择"经常"或者"几乎总是"的题目就是您家孩子表现嫉妒心的典型方式。

采取本书推荐的基础措施就足以解决和控制目前的问题。

如果您在初次得分低于46分，再次进行本评估用作跟进的话，这个分数说明您和孩子的进步是显而易见的。

得分在46分到59分之间，说明孩子对兄弟（姐妹）的嫉妒心正在或多或少地影响他的情感。

分数越低或者选择"几乎总是"的答案越多就代表着情况越严重。

在这个分值区间内孩子的问题就更为严重了，家长需要立刻采取相应的措施，否则情况会进一步恶化。

所以我们建议家长采取本书建议的措施并检查一下自己在面对这种情况时的做法是否得当。

我们也建议家长在采取措施两个月后再次进行本评估测试，以便客观地看待自己的进步和不足。

如果您在上次的得分低于46分，本次评估是在采取措施一段时间之后再次进行的，且获得了目前的分数，那么这说明的确有些问题得到了改善，但是还远远不够。

得分在0到45分之间，大部分选项选择"经常"或者"几乎总是"，说明目前孩子的嫉妒心问题相当严重。

在这种情况下，我们建议家长先完成接下来的问题集2，看看自己应对此类问题的举措是否得当，然后参照本书采取对应的措施。

采取措施一个月之后，家长应该再次进行本测试用作跟进，看看自己和孩子是否都取得了进步。无论因为何种原因，如果两个月之内孩子的情况没有明显改善的话，家长需要尽快咨询专家，请专家来评估目前孩子的情况并且提供治疗方案。

关于家长应对孩子嫉妒心做法的评估

导言

本问题集旨在评估家长在处理孩子对兄弟（姐妹）的嫉妒心以及相关表现方面的做法。

本问题集有利于家长了解自己是如何处理与孩子嫉妒心相关的常见情况的。这对于已经进行过测试但得分情况不乐观的家长也是有益的，因为通过这个问题集家长可以看到自身的不足。

本问题集还可以用作跟进来评估家长所采取措施的有效性。当初次评估得分较低时，我们建议您在采取措施一段时间后再次进行评估。这样一来您就可以了解您取得了哪方面的改进。

如果您是首次完成本问题集，需要选出与自己近两个月内做法最相近的选项；如果您是作为跟进，可以参考采取措施之后的情况。

本问题集包括4个答案。

几乎从不：这个选项意味着您通常不会这样做。

偶尔：这个选项意味着您会偶尔采用这种处理方式，但这并不是您常用的方式。

经常：这个选项意味着您并不总是使用这种方法，但这是您优先采用的方式。

几乎总是：这个选项意味着这是您最常用的处理方法。

问题集 2

行为	答案			
	几乎从不	偶尔	经常	几乎总是
我们无意间会把两个孩子进行比较				
孩子长时间争吵时，就算没有动手我们也会介入				
为了避免区别对待，我们通常一视同仁				
如果孩子提出返幼行为的要求（比如用奶嘴、跟我们一起睡等），我们会满足他				
我们会无意间更多关注他不好的行为或者他淘气的举动，而不是去关注他表现好的时候				
就算孩子表达的感情是消极或者是排斥兄弟（姐妹）的，我们也会让他表达出来				
我们跟每个孩子都有一段单独相处的时间				
我们要求孩子一起来照顾弟弟（妹妹）				
我们会避免让弟弟（妹妹）成为哥哥（姐姐）的负担				
对于那些比较容易发生冲突的情况，我们有明确具体的规定，比如吃饭时间、在车里的时候……				

判分标准及答案解读

完成问题集后，家长可以参考以下标准自行评分。

第 1 题至第 5 题：几乎从不 =10 分；偶尔 =7 分；经常 =4 分；几乎总是 =0 分。

第 6 题至第 10 题：几乎从不 =0 分；偶尔 =4 分；经常 =7 分；几乎总是 =10 分。

得分在76分到100分之间，说明您应对孩子嫉妒心的方式非常正确。

得0分、4分或者7分意味着您在这些方面有待改进。

如果您初次得分低于46分，并在此之后采取了一段时间的措施，这个得分情况说明您的进步是显著的。

得分在60分和75分之间说明总体上来讲您处理孩子之间嫉妒心的做法是得当的，但是仍有一些方面需要改进，尤其是那些得0分或4分的题目。

如果您本次进行的评估是用作跟进，并获得了这个得分，这说明您的改进是有效的。

得分介于45分到59分之间说明您的处理方式不全是正确的，有很多方面需要赶紧改进。无论如何，您的做法还是可以帮助孩子正确处理兄弟（姐妹）之间由嫉妒心和敌对情绪引发的行为问题。

同样，获得0分和4分的问题就是那些您需要改进的方面。为此，您可以参考本书中的建议并进行下一章实际案例的练习。

所以，您在进行改善性练习的一个月后可以再次进行本评估，以证实自己的进步。

如果您初次得分低于46分，本次评估作为跟进，这个得分情况说明您有一些进步，但是还远远不够。

得分在0分到45分之间说明您处理孩子嫉妒心的方式明显有问题，亟须改进。

此外，您的处理方式很有可能也影响到了您对孩子的基础教育方式。所以，我们建议您严格、系统地参考本书中的建议进行改进。

改进一个月后，您可以再次进行本评估。如果未见成效，我们建议您咨询专家进行进一步评估并请他助您克服困难。

第十二章

实际案例

这一章属于本书实操章节的一部分，在本章中我们会为家长提供一系列非常具体的活动，这些活动就像学习完这本书的课后作业一样，需要家长进行练习。

这些活动旨在通过一种实际的方式对本书中所阐述的内容进行深化，主要包括在一些孩子之间关系容易发生问题的常见情形下采用一系列针对性技巧来解决问题。

这些练习的目的主要包括：

让家长学会运用本书提出的具体技巧和措施；

帮助家长熟练掌握这些技巧，以便形成一套自己习惯的教育方式；

针对个别情况制订对应的技巧；

让家长在中、短期内能够看到这些技巧在解决孩子间嫉妒行为和敌对情绪方面的作用；

整体上优化家长教育子女的方法。

这些"实操练习"在进行过程中应该满足以下条件。

只有当出现本书提到的情况时才应该开展练习，比如，只有当孩子吵架时。有些专家会建议家长自己造成吵架局面以便进行练习。

正如本练习建议的那样，家长在进行练习的时候应该提前计划好要做些什么。

家长要系统且持续地进行练习。平均来说要保证至少连续练习两周。

家长们要注意本书提出的这些措施的效果并不都是立竿见影的，大都需要一定的时间。甚至在有些情况下，采取措施的初期情况会恶化，但是再往后一定会得到改善。比如，当家长试着无视孩子吸引家长注意力的那些行为时，就会出现这种状况。当家长一开始利用策略无视孩子的不良行为时，孩子的反应通常是变本加厉，因为他认为他没能成功引起家长的关注，但是随着持续采用措施，孩子会最终做出让步。

练习并没有固定的顺序，每个家庭可以根据孩子的问题选择最简单的或者最轻松的练习来入手。第二次的时候可以从那些看起来并不是很简单但很契合孩子问题的练习开始。

解决常见的冲突

这个练习特别适合那些一到某些特殊时段就吵个不停的孩子的家长，比如在车内、在吃饭时，或者看电视的时候……

（1）请想一想哪些时刻是您家孩子最容易发生矛盾的时刻？

（2）从这些时刻中选出一个，只需要一个即可，您可以选择矛盾发生最频繁的那个。

（3）针对这个时刻制订规定和要求，以及违反规定的惩罚措施。

（4）跟孩子们商定这个规定，向他们解释情况并且跟他们一起选择规定以及惩罚措施。

（5）在接下来的两周内持续采用商定的措施并观察效果。

（6）慢慢改进针对这种情况的规定。

（7）如果最后您的措施产生了效果，那么您就可以着手解决下一个问题了。

练习"倒数"

"倒数"的技巧适用于让孩子自己解决争吵而不用家长的介入。家长只有在孩子自己无法解决争执或者发生人身攻击的时候才应该介入。

当孩子们在争吵并且叫家长的时候，家长可以告诉他们自己会从30倒数到0，这段时间内他们需要自己解决问题。然后家长可以大声地从30倒数到0，如果到0的时候他们还没有自己解决问题，这时候家长确实需要介入。

在两周内按照以下方式进行练习。

（1）只要孩子们吵架然后叫家长过来，家长就必须告诉他们要采取"倒数"计时了。

（2）从30倒数到0，数的时候要慢，声音要洪亮，而且不要当着孩子的面数。

（3）只有当他们动手的时候才可以中断倒数。

（4）如果孩子们在倒数时间内自己解决了争执，家长要对他们的行为表示出满意。

（5）如果倒数结束，争执还没解决，家长要先弄清事情的原委。如果谁也说不清，那家长就对两个孩子都采取"暂停时间"措施，让两个人分别坐在不同地方的椅子上，而且这个地方要很无聊。他们几岁就让他们在那里待上几分钟。

练习表扬孩子

给予孩子关注和表扬通常是家长对待孩子最经济有效的奖励方式。请家长专门花两周时间来练习这个内容。

这个练习主要适合更关注孩子的不良行为以及经常在孩子吵架的时候主动介入的家长。

（1）让自己每天至少给孩子带来两次惊喜，要在和谐相处、一起合作的情况下完成，无论是一起玩还是互相帮助的时候。

（2）当您发现这种情况的时候，要走过去表扬孩子的表现并在脸上显露出对此的满意之情。这样的好处是能让孩子知道在他们好好表现的时候，家长会给予他们更多的关注。

让大宝变成自己的助手

这个练习比较适合这样一些家长：他们的大宝在家长集中精力于弟弟（妹妹）身上的时候会变得格外淘气，尤其是当弟弟（妹妹）还是小宝宝的时候。

（1）家长要先选择一个哥哥（姐姐）会故意表现得很差来吸引家长注意力的场景（家长当时正在照看弟弟或妹妹），比如正在给弟弟（妹妹）洗澡的时候，或者给他（她）喂奶、照相的时候……

（2）家长需要提前跟大宝说好接下来的情况，并请他以某种方式帮助爸爸妈妈。您可以请他一起帮助弟弟（妹妹）洗澡，要具体说明是帮助家长准备洗澡用的物品，比如帮忙把需要的东西拿过来。

（3）如果弟弟（妹妹）已经不是个小宝宝了，那么哥哥（姐姐）可以给弟弟（妹妹）当榜样，或者教弟弟（妹妹）做一些事情。

将注意力转移到大宝身上

这个练习旨在应对二宝还特别小的情况。在这种情况下，比如出门散步的时候，朋友或者熟人往往会更关注二宝，而几乎忽略了大宝。这会引起大宝的不适，尤其是当他还小的时候。

该练习包括以下步骤。

（1）常见的情景是家长用婴儿车推着二宝在街上散步，这时，有人走了过来并且特别关注婴儿车里的二宝。

（2）一旦家长发现路人的目光或言论都聚焦在二宝身上，要刻意将他们的注意力往大宝身上转移，可以说说大宝是如何帮助爸爸妈妈照顾二宝的，大宝对二宝如何如何好，平日里他又是怎么帮助家长的。家长也可以提及一些大宝最近在家里或者学校里的良好表现。

创造专属时间

本练习的目的是让家长习惯去创造一个陪伴大宝的专属时间，在这段时间内家长要专注于他。这个时间无须很长，最多15分钟即可。

（1）父亲或者母亲要负责在一天当中寻找或者创造一个时段来专门陪伴大宝。最好不要随机挑选一个时间，而是提前计划好。比如睡觉前、吃饭后，或者下午的某段时间……

（2）这段专属时间无须很久，15分钟足矣。

（3）在这段时间内家长不要分心去做别的事，比如开车，或者做饭……要把全部的注意力都放在孩子身上。

（4）这段时间家长可以用来倾听孩子，让孩子讲讲他做了什么或者给他讲个故事……当然，具体内容要根据孩子的年龄而定。

（5）请家长在两周时间内，保证每天进行这个练习。

当孩子们打架时

这个练习主要针对年龄偏小的孩子，即低于7岁的孩子。这个技巧的关键在于最大程度上无视像动手打人这样的不良行为。

家长的关注，尽管在这种时候大都集中在责备孩子这件事上，但对很多孩子来说却变成了一种奖励，而这会促使孩子之后做出更多的不良行为。

（1）如果孩子中一方因为被另一方打了开始哭，家长可以赶到现场。不要问"你对他做了什么？"或者类似的话。家长需要完全无视打人的这个孩子：不要看他，什么都不要说。

（2）此时家长只需管被打的一方即可，可以抱抱他、安慰他，但不要提及打他的兄弟（姐妹）。您完全集中精力专注于这个孩子，同时无视另外一个打人的孩子，就算这时他想解释、道歉也不要去理他。

（3）等到被打的孩子安静下来了，家长可以镇定地转向另一个孩子（打人者），但是只对他采取"暂停时间"措施即可，就是给他找一把椅子，让他坐在一个无聊但是在家长视线范围内的地点，比如厨房。您可以让他在那里待上跟他年龄相同的分钟数，在这过程中不要跟他说起其他的事情。

（4）等到"暂停时间"结束，让他离开厨房，但是也不要再提刚才的事，今天就这样过去就好。等到第二天，您再告诉他爸爸妈妈不希望他通过打人的方式来解决争执，然后教给他另外一种正确的方式。

（5）请家长把这个技巧练习两周时间。

参考书目

• AJURIAGUERRA, J. de (1977), *Manual de psiquiatría infantil*, Barcelona, Masson.

• ASOCIACIÓN AMERICANA DE PSIQUIATRÍA (2002), *DSM–IV–TR. Manual diagnóstico y estadístico de los trastornos mentales* (rev.), Barcelona, Masson.

• AA.VV. (2001), *La familia ante los celos infantiles: pautas y orientaciones*, Pamplona, Unidad Técnica Escolar.

• EZPELETA, Lourdes (editora) (2005), *Factores de riesgo en psicopatología del desarrollo*, Barcelona, Masson.

• FERNÁNDEZ, E. y GODOY, C. (2002), *El niño ante el divorcio*, Madrid, Pirámide.

• GARBER, S. (1993), *Portarse bien. Soluciones prácticas para los problemas comunes de la infancia*, Barcelona, Medici.

• LANIADO, N. (2002), *Niños celosos. Cómo resolver la rivalidad entre hermanos sin tener preferencias*, Medici, Barcelona.

• ORJALES, I. (2005), *Déficit de atención con hiperactividad*, Madrid, CEPE.

• PARKER, S. y ZUCKERMAN, B. (1996), *Pediatría del comportamiento y del desarrollo. Manual para la asistencia primaria*, Barcelona, Masson.

• PEDREIRA, J. L. (1995), *Protocolos de salud mental infantil para la atención primaria*, Madrid, Editorial Libro del Año.

• REYNOLDS, Cecil R. y KAMPHAUS, R. W. (2004), *BASC, sistema de evaluación de la conducta en niños y adolescentes*, Madrid, Tea–Ediciones.

• URRA, J. (2004), *Escuela práctica para padres*, Madrid, La esfera de los Libros.

• URRA, J. (2007), *El pequeño dictador*, Madrid, La esfera de los libros.

• MORENO, Alicia y RUANO, Cristobalina (1998), Familia y psicopatología infantil del niño de cero a cinco años, *in Domènech– Llaberia, Edelmira: Actualizaciones en psicopatología infantil II*, Barcelona, Universidad Autónoma.

• QUEROL, Mireia (1998), Agresividad en edad preescolar, in Domènech–Llaberia, Edelmira: *Actualizaciones en psicopatología infantil II*, Barcelona, Universidad Autónoma de Barcelona.

• TREPAT, Esther y VALLE, A. (1998), Temperamento infantil: concepto y evaluación, *in Domènech– Llaberia, Edelmira: Actualizaciones en psicopatología infantil II*, Barcelona, Universidad Autónoma de Barcelona.